Arena-Taschenbuch
Band 1784

Reiner Engelmann,
1952 geboren, studierte Sozialpädagogik und absolvierte eine
sonderpädagogische Zusatzausbildung. Er arbeitet seit 1977 an
einer Schule für Lernbehinderte und führt seit 1983
Lehrerfortbildungen –mit den Schwerpunkten Leseförderung,
Umweltbildung, Menschenrechtserziehung, Jugend und
Gewalt – in verschiedenen Institutionen der Lehrerfortbildung
durch.

Reiner Engelmann (Hrsg.)

Tatort Klassenzimmer

Texte gegen Gewalt in der Schule

Mit einem Vorwort von
Dr. Helmut Willems

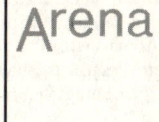

*Zu diesem Taschenbuch liegt eine
Unterrichtserarbeitung vor.
Informationen darüber erhalten Sie
beim Arena Verlag, Würzburg
0931/79644-0*

In neuer Rechtschreibung

6. Auflage dieser Anthologie 2000 als Originalausgabe
im Arena-Taschenbuchprogramm
© 1994 by Arena Verlag GmbH, Würzburg
Alle Rechte dieser Ausgabe vorbehalten
Umschlaggestaltung: Bernhard Hartlieb
Gesamtherstellung: Westermann Druck Zwickau GmbH
ISSN 0518-4002
ISBN 3-401-01784-5

Inhalt

HELMUT WILLEMS

Vorwort

Die derzeitige intensive Diskussion über Gewalt in unserer Gesellschaft, die vor allem durch die Angriffe jugendlicher Banden und fremdenfeindlicher Cliquen auf Asylbewerber und Ausländer (in den letzten Jahren) ausgelöst wurde, hat auch die Schulen wieder ins Zentrum der öffentlichen Aufmerksamkeit gerückt. Sie sind zum einen dem Vorwurf ausgesetzt bei der Vermittlung gesellschaftlicher Werte und zivilisatorischer Tugenden versagt zu haben oder werden gar direkt als Verursacher der rechten Gewalt von Jugendlichen angeklagt nach der Formel »Linke Lehrer erzeugen rechte Schüler.« Sie werden zum anderen aber auch mit der Forderung konfrontiert sich ihrer erzieherischen Aufgabe und ihrer Verantwortung für die Gesellschaft wieder stärker bewusst zu werden. Zunehmend wird von den Schulen erwartet jene sozialisatorischen Defizite von Kindern und Jugendlichen auszugleichen und zu beheben, die durch die Veränderungen von familialen Strukturen und Sozialisationsbedingungen verursacht sind.

Zur gleichen Zeit mehren sich in den Medien die Berichte über eine Zunahme von gewalttätigen Auseinandersetzungen und Konflikten an den Schulen selbst: Immer häufiger werde an den Schulen massive körperliche Gewalt angewendet, immer brutaler würden die Auseinandersetzungen ausgetragen, immer niedriger seien die Hemmschwellen der Gewalttäter. Sowohl quantitativ als auch qualitativ habe sich die Gewalttätigkeit an den Schulen verändert, sprich: verschlimmert.

Nun muss man die Medienberichterstattung zur Gewalt generell, somit auch der schulischen Gewalt stets mit der notwendigen Skepsis lesen: Wir wissen, dass Gewalt für die Medien eine Ware mit hohem Verkaufswert ist. Sie erfüllt diese Funktion jedoch nur dann, wenn sie in ihrer Form und in ihrem Ausmaß dramatisiert und skandalisiert werden kann. Folglich liegt der Medienberichterstattung stets eine Steigerungs-, Verschlimmerungs- und Brutalisierungsformel zu Grunde. Friedfertige Schüler und Schulen, die Probleme und Konflikte zwischen Schülern oder zwischen Lehrern und Schülern auf kommunikative und daher auf unspektakuläre Art und Weise zu lösen vermögen, sind für die Medien uninteressant. Ob die Situation an den Schulen generell so dramatisch ist, wie dies in den Medien dargestellt ist, ist daher schwer zu beurteilen. Wissenschaftliche Studien, die allein repräsentative und zeitvergleichende Aussagen über das tatsächliche Ausmaß und über längerfristige Entwicklungstendenzen der Gewalt an Schulen ermöglichen würden, liegen zurzeit nicht vor. Sie sind in der Regel auch nicht in der Lage relativ kurzfristige Veränderungen zu erfassen, wie sie derzeit artikuliert werden. Als die von der Bundesregierung eingesetzte »Anti-Gewaltkommission« im Jahre 1989 ihre umfangreichen Gutachten vorlegte, konnte man zum Thema »Gewalt in der Schule« noch nachlesen, dass eine deutliche Zunahme entsprechender schulischer Gewaltereignisse nicht zu erkennen sei und dass Gewalt in der Schule hierzulande jedenfalls noch nicht die Dimensionen erreicht habe, die seit längerer Zeit für die USA berichtet werden. Heute würden sich auch die meisten Wissenschaftler mit einer entsprechenden Aussage schwer tun. Denn zum einen liegt mittlerweile eine Vielzahl von neueren Untersuchungen, Umfragen und Einzelfallberichten aus Schulen vor, die zwar nicht generalisierbar sind, die aber erkennen lassen, dass zumindest für einen Teil der Schulen Gewalt zu einem großen Problem geworden ist. Zum anderen hat sich v. a. bei Lehrern, Schulleitern, Schülern, Elternvertretern und Schulpsychologen die Erfahrung verdichtet, dass das Schülerverhalten sich erkennbar verändert hat und dass vielfältige Formen der Aggression bis hin zur massiven Gewaltanwendung zum Alltag vieler Schulen gehören.

Sicherlich würde auch in den Schulen niemand leugnen, dass jugendtypische Raufereien und gewalttätige Auseinandersetzungen schon immer zu einem gewissen Teil den Schulalltag gekennzeichnet haben. Wenn also hier von einer dramatischen Veränderung der Gewalt an Schulen die Rede ist, so gilt es zunächst festzustellen, welche neuen Gewaltphänomene und Veränderungen damit gemeint sind. Einige Aspekte seien hier dargestellt:

1) Insbesondere in so genannten sozialen Brennpunkten bzw. städtischen Problemgebieten verlagert sich ein Teil der außerschulischen jugendlichen Straßen- und Bandenkriminalität in die Schulen hinein. Die Mitgliedschaft von Schülern in gewaltaffinen Cliquen und delinquenten Subkulturen ist daher ein wichtiger Vorhersagefaktor auch für schulische Gewalt. Denn die Gruppen, die auf der Straße dem Einzelnen Anerkennung und Schutz bieten und ihre eigenen Regeln und Gewaltverständnisse haben, spielen zunehmend auch in den Schulen eine wichtige Rolle. Die Schulen stehen dieser Entwicklung hilflos gegenüber. Die notwendige sozialpädagogische Betreuungsarbeit im Umfeld der Schulen kann von den Schulen selbst nicht geleistet werden.

2) Neben der klassischen Bandendelinquenz werden gegenwärtig auch die Konflikte um die Integration von Ausländern und um die Asylpolitik in die Schulen hineingetragen. Fremdenfeindlich motivierte Gewalttätigkeiten sind daher heute für viele Schulen ein großes Problem. Zum einen übernehmen Jugendliche die fremdenfeindlichen Haltungen und Vorurteile ihrer sozialen Umwelt, häufig in radikalisierter Form. Zum anderen

aber werden die Schüler selbst auf Grund der vermehrten Integration von ausländischen Schülern zunehmend mit Problemen und Konflikten konfrontiert, die ernst genommen werden müssen. Wenn in Schulen die traditionellen Mehrheit-Minderheiten-Verhältnisse zwischen deutschen Schülern und ausländischen Schülern umzukippen drohen, können rassistische Bedrohungs- und Überfremdungsvorstellungen für manche an Plausibilität gewinnen. Doch Konflikte zeigen sich auch schon dann, wenn deutsche Eltern und Schüler auf Grund hoher Ausländeranteile in den Klassen um das Leistungsniveau und damit um die Konkurrenzfähigkeit zu fürchten beginnen und den »Ausländern« die Schuld daran geben. Und selbst gut gemeinte Bemühungen um Integration und Verständnis für ausländische Jugendliche und ihre spezifischen Probleme können Folgen haben, die der eigentlichen Intention entgegenwirken: Dann nämlich, wenn die für ausländische Schüler geltenden schulischen Integrationshilfen und besonderen Maßnahmen von den deutschen Schülern als Benachteiligung interpretiert werden.

3) Alltägliche Konflikte und Auseinandersetzungen zwischen Schülern werden nach den Erfahrungen der Lehrer heute häufiger und schneller mit gewalttätigen Mitteln ausgetragen. Gewalt wird von einer relativ starken Minderheit unter den Schülern als ein normales Mittel der Konfliktlösung und Interessensdurchsetzung akzeptiert; Alternativen zur Gewalt sind unter vielen Jugendlichen häufig nicht bekannt, Grenzen des Gewalt-

einsatzes (z. B. Fairnessregeln, Empathiefähigkeit) oft nicht mehr erkennbar.

Im Diskurs um die Ursachen schulischer Gewalt werden in der Regel außerschulische Faktoren und Bedingungen in den Vordergrund gestellt. Dabei spielen insbesondere die Belastungen in den Herkunftsfamilien sowie v. a. die zunehmenden Veränderungen familiärer Strukturen eine herausragende Rolle. Gestörte Familienbeziehungen, gewalttätig-autoritäre Erziehungsstile, familiale Konflikte und Probleme durch Armut, Arbeitslosigkeit, schlechte Wohnverhältnisse und deren unzulängliche Bewältigung sind als Risikofaktoren für die Ausbildung aggressiver Verhaltenstendenzen bei Jugendlichen seit langem bekannt. Darüber hinaus wird gerade in der jüngeren Diskussion hervorgehoben, dass vor allem die Veränderungen familialer Strukturen (etwa die Zunahme von Einelternfamilien durch Scheidung) sowie die Veränderung innerfamilialer Beziehungen als Folge veränderter Lebens- und Berufsperspektiven der Eltern eine zunehmend wichtige Rolle spielen. Die angestiegene Berufstätigkeit beider Elternteile sowie die über die Familie hinausweisenden individualistischen Emanzipations- und Selbstverwirklichungsinteressen der Eltern (etwa im Freizeitbereich) haben zur Folge, dass viele Kinder und Jugendliche große Teile des Tages sich selbst überlassen sind. Die elterliche Kontrolle und Erziehungswirkung wird dadurch deutlich reduziert. Die für die Schule notwendigen familialen Erziehungsvorleistungen und sozialen Betreuungs- und Unterstützungsleistungen sind oft nicht mehr vorhanden. Grundlagen des sozialen Zusammenlebens können in vielen Familien nicht mehr erfahren und eingeübt werden. Zugleich wächst die Bedeutung, die Gleichaltrigen-Gruppen sowie die Medien für die Sozialisation Jugendlicher einnehmen. Was hier gelernt wird, ist aber weder vom Elternhaus noch von der Schule kontrollierbar und korrigierbar; so lange jedenfalls nicht, wie die entsprechenden Erfahrungen und Eindrücke der Jugendlichen nicht systematisch in der elterlichen oder schulischen Erziehung thematisiert werden. Dies dürfte v. a. für die Schulen eine wichtige Herausforderung für die Zukunft darstellen.

Die Suche nach möglichen Ursachen der Gewalt an Schulen darf jedoch nicht bei der Betrachtung außerschulischer Faktoren stehen bleiben. So wichtig diese auch sind und so schwerwiegend ihre Konsequenzen für die Schulen auch sein mögen: Es sollte nicht übersehen werden, dass Gewalt in der Schule keineswegs allein auf außerschulische Ursachen, wie etwa die Integration in delinquente Subkulturen oder auch sozialisatorische Defizite, zurückzuführen ist. Die Schule selbst als gesellschaftliche Institution stellt heute einen zentralen Lebensbereich der Kindheit und des Jugendalters dar und kontrolliert daher eine Vielzahl von Bedingungen, die Aggression und Gewalt hervorheben können. Sie beeinflusst über die Vergabe von Zertifikaten maßgeblich die zukünftigen beruflichen und sozialen Chancen der Schüler und »produziert« Sieger und Verlierer, Auf- und Absteiger, Erfolgsbewusste und »Versager«. Sie beeinträchtigt daher in starkem

Maße das Selbstwertgefühl und Geltungsbedürfnis der Leistungsschwachen, ohne die so erzeugten Frustrationen, Versagensängste und Selbstwertbeeinträchtigungen schulintern aufarbeiten zu können. Wir wissen, dass insbesondere Schüler, die den Leistungsanforderungen der Schule und oft auch den Leistungserwartungen der Eltern nicht gerecht werden, sich häufiger aggressiv und gewalttätig in den Schulen verhalten. Auch wenn fehlende Begabungen und Leistungsschwächen von den Schulen nur zu einem geringen Teil korrigiert werden können, so werden doch Programme zu schulischer Leistungsförderung auch in Zukunft bei der Prävention von Gewalt eine wichtige Rolle spielen.

Darüber hinaus jedoch haben die Schulen durchaus auch die Möglichkeit auf eine Reihe von problematischen und tendenziell aggressionsfördernden Situationen und Verhältnissen an den Schulen unmittelbar Einfluss zu nehmen. Die Verbesserung des Schulklimas und die Aufstellung klarer und einsichtiger Normen und Regeln für den Schulbereich sind hier hervorzuheben. Von besonderer Bedeutung aber wird die Qualität der Schüler-Lehrer-Beziehungen sein. Hier wird es in erster Linie darauf ankommen, neue und offenere Formen der Kommunikation zu finden. Dies setzt die Bereitschaft voraus sich mitzuteilen, Erfahrungen auszutauschen, einander zuzuhören. Nur so kann man das notwendige Vertrauen aufbauen, um gemeinsam gegen Gewalt an Schulen vorzugehen.

Der vorliegende Band zeigt durch die Zusammenstellung von alltagsnahen Texten und Berichten, wie komplex sich die Gewaltproblematik darstellt und wie vielfältig und unterschiedlich die Erfahrungen von Schülern und Lehrern sind. Er leistet daher einen sinnvollen Beitrag zur Überwindung der Sprachlosigkeit und stellt einen wichtigen Schritt zur Verständigung zwischen Schülern und Lehrer dar.

ACH JA

WIR ZWÄNGEN UNS IN KONVENTIONEN
TUN UNS TÄGLICH GEWALT AN
UM WEITER MITHALTEN ZU KÖNNEN
LEISTUNG ZU BRINGEN DRAUF ZU SEIN
VERGEWALTIGEN UNS AM LAUFENDEN BAND
MIT FITNESSPROGRAMMEN HUNGERDIÄTEN
RAMMEN UNS SCHROTT INS GEHIRN
BEI SO VIEL GEWALT GEGEN UNS SELBST
ESKALIERT GEWALTBEREITSCHAFT
ZUR GEWALT GEGENÜBER ANDEREN
DIE NOCH WEHRLOSER SIND ALS WIR

HANS-MARTIN GROSSE-OETRINGHAUS

Faustrecht

Der Fünfklang des Gongs ließ ihn zusammenzucken, obwohl er so weich und harmonisch klang wie immer. Ungeduldig hatte Tobias auf die erlösenden fünf Gongschläge gewartet, die das Ende der Pause und den Beginn des Unterrichts anzeigten. Nicht, dass Tobias gerne Mathematik gemacht hätte. Im Gegenteil. Eigentlich zählte Prozentrechnung zu den Dingen, vor denen er sich am liebsten drückte. Aber das war jetzt unwichtig. Hauptsache, der Unterricht würde jetzt schnell wieder beginnen. Was und bei wem, war ihm völlig egal. Während der Unterrichtsstunde war er vor Sebastian sicher. In den Pausen dagegen musste man sich vor ihm in Acht nehmen. Da war er unberechenbar. Darum hatte Tobias das Gongzeichen kaum erwarten können. Als es endlich ertönte, war er doch zusammengezuckt. Er wusste ganz genau, dass hinter der Ecke im Flur, dort wo der Gang zu ihrer Klasse nach rechts abbog, Sebastian auf ihn warten würde.

Zögernd setzte sich Tobias in Bewegung. Plötzlich hatte er es nicht mehr eilig. Wie konnte er nur an Sebastian vorbeikommen? Die anderen würden ihm nicht helfen. Entweder machten sie alles, was Sebastian wollte. Oder sie blickten fort und taten so, als ob sie nichts mitbekommen würden. Die hatten doch genauso viel Angst vor Sebastian wie er. Selbst Arne. Warum sogar der einen Bogen vor Sebastian machte, verstand Tobias nicht. Arne war zwar nicht größer als er, aber ein Kreuz hatte der! Und Muskeln! Der musste doch doppelt so stark sein wie Sebastian. Leicht könnte der ihn aufs Kreuz legen. Oder gegen die Schulhofmauer klatschen. Aber nein. Arne wich ihm genauso aus wie alle anderen. Und selbst wenn Sebastian ihn provozierte, hielt er sich zurück. Wenn ich solche Arme hätte wie Arne, dachte Tobias, dann würde ich jetzt . . .

Tobias hatte den Eingang erreicht und trat in den Flur. Von hier aus konnte er die Ecke, hinter der Sebastian stehen würde, bereits sehen. Unwillkürlich wurden seine Schritte langsamer. Die meisten Schülerinnen und Schüler waren bereits in ihren Klassenräumen verschwunden. Eine aus der Klasse unter ihm lief noch zum Papierkorb neben dem Eingang und warf ihr zusammengeknülltes Butterbrotpapier hinein. Tobias spürte seinen Magen knurren. Sein Butterbrot lag zerquetscht auf dem Aschenboden hinten am Schulhofzaun. Als er gerade zubeißen wollte, war Sebastian von hinten gekommen, hatte seine Hand um seine gelegt und dann ganz fest zugedrückt. Immer fester, bis das Brot mit der Butter und der Salami aus seiner Hand herausgequetscht wurde und auf den Boden fiel. Tobias hatte das Gefühl, als würde er ihm alle fünf Finger brechen. Laut hatte er aufgeschrien und dann versucht sich loszureißen. Aber Sebastian hatte ihn so fest im Griff gehabt, dass er keine Chance hatte. Ein paar aus seiner Klasse hatten sich zwar um die beiden gestellt, um zu sehen, was es da gab. Aber geholfen hatte ihm niemand. Als das Brot in der Asche lag, hatte Sebastian es mit dem Fuß direkt vor Arne gekickt. »Für dich!«, hatte er gelacht. »Damit deine Muskelpakete platzen!«

Aber Arne war ganz ruhig geblieben. Mit einem einzigen Schlag hätte er Sebastian auf den Boden werfen können. Aber er hatte nur »Du langweilst« gesagt und war weitergegangen, ohne Sebastian oder ihn weiter zu beachten.

»Jetzt beeil dich! Die Stunde hat längst begonnen.«

Die Stimme des Mathematiklehrers hinter ihm klang verärgert.

»Hier, nimm mir mal die Hefte ab.«

Als Tobias sie auf dem Lehrertisch ablegte, merkte er, wie der Blick von Herrn Salomo auf seine blutunterlaufenen Fingernägel fiel.

»Habt ihr euch schon wieder geschlagen!«

Früher hatte er nach solchen Bemerkungen laut geseufzt. Das hatte er sich inzwischen abgewöhnt.

»Im Gegensatz zu meinem großen Namensvetter bin ich mit meiner Weisheit langsam am Ende. Dass man Auseinandersetzungen auch anders führen kann, werde ich euch wohl nie vermitteln können!«

Er schob den Stapel Hefte von der linken Seite des Tisches auf die rechte. »Schade, dass ihr so wenig Vorbilder habt, Frauen und Männer, denen ihr nacheifern wollt. Von denen ihr sagen könntet: So wie die, so möchte ich auch werden. Als ich so alt war wie ihr, da waren das für mich Albert Schweitzer, Mahatma Gandhi oder Martin Luther King. Aber ihr . . .« Er unterbrach sich, griff nach den Heften und verteilte sie.

Übungsarbeit.

Sonst ging Herr Salomo bei Arbeiten immer zwischen den Tischen umher, um sicherzugehen, dass niemand abschrieb. Jetzt saß er die ganze Zeit an seinem Tisch und schaute durchs Fenster nach draußen. Tobias warf zwischen den einzelnen Rechenaufgaben immer wieder einen Blick zu ihm hinüber. Wie versteinert, starrte der Lehrer in den wolkenverhangenen Himmel. In Gedanken schien er ganz woanders zu sein. Irgendwo. Auf jeden Fall nicht beim Mathematikunterricht.

Kurz bevor das Gongzeichen ertönen musste, sammelte er die Hefte wieder ein.

»Während ihr über den Aufgaben gebrütet habt, habe ich auch nachgedacht«, sagte er und sein Blick wanderte dabei von einem zum anderen. »Über die Vorbilder. Ihr wisst schon. Dass ihr keine habt. Völlig falsch! Natürlich habt ihr welche. Uns!« Er klemmte sich den Heftstapel unter den Arm. »Uns Erwachsene! Gibt's Probleme, dann schlagen sie zu. Wie im Golfkrieg. Knallhart. Ohne Rücksicht. Wollen die was haben, holen sie es sich. Und gibt man es ihnen nicht freiwillig, dann wird nachgeholfen. Gegenüber der Dritten Welt funktioniert das doch ganz gut. Oder Umwelt. Ozonloch. Ohne an die Folgen zu denken, wird weitergemacht, als ob nichts wäre. Anders machen? Fehlanzeige! Immer nur an sich selbst denken. Heute konsumieren, auf Teufel komm raus. Ob spätere Generationen dann noch auf diesem Planeten leben können, interessiert nicht. Wenn die Erwachsenen die Ellenbogen benutzen, wieso solltet ihr es anders machen? Wenn die Erwachsenen euch vormachen, dass man rücksichtslos zerstören kann, warum ihr dann nicht? Ob's die Umwelt oder das Klassenmobiliar ist, wo ist da schon der Unterschied?«

Das Gongzeichen ertönte. Der Lehrer ging zur Tür. Dann drehte er sich noch einmal um: »Mathematik kann ich euch beibringen. Mit etwas Glück, Geduld und ein paar Ideen. Aber wie ich euch die wichtigen Dinge des Lebens nahe bringen soll, das weiß ich immer weniger.«

Langsam trat er auf den Flur hinaus. So resigniert hatte Tobias seinen Lehrer noch nie gesehen. Tobias sah ihm nach, selbst als er längst im Flur verschwunden war und die anderen ihre Sachen in die Schultaschen und Beutel packten. Als vor ihm Arnes Etui auf den Boden fiel, wachte er aus seinen Gedanken auf. Er sah, wie Sebastian zwei Schritte nach vorne kam, wie zufällig mit der Hacke auf Arnes Etui trat und seinen Absatz noch einmal kräftig hin- und herdrehte. Ein leises Knacken war zu hören. Dann sickerte blaue Tinte aus dem Etui auf den Boden.

»Du hättest dein Heft ruhig etwas mehr rüberhalten können«, sagte er grinsend. »Meinst du, ich will mir den Hals verrenken? Nein! Merk dir das! Fürs nächste Mal.« Tobias blickte gespannt auf Arne. Jetzt musste doch was passieren! Jetzt musste Arne doch zuschlagen. Das konnte der sich doch nicht einfach so gefallen lassen. Der brauchte nicht klein beizugeben. Der nicht! Aber Arne hob nur das Etui auf, klappte es auseinander und stellte in einem betont sachlichen Ton fest: »Füller, Bleistift, Lineal. Etwa 35 Mark. Dann noch die Mappe. Zusammen 55 Mark. Du kannst mir das Geld gleich geben. Aber wie ich dich kenne, wirst du zu dumm dazu sein und warten, bis ich es dem Salomo gemeldet habe. Aber du kannst es dir ja noch mal überlegen. Die Pause dauert fünfzehn Minuten.«

Die nächste Stunde hatten sie wieder bei Herrn Salomo. Arne stand im Flur, um ihn abzufangen. Tobias konnte durch die geöffnete Tür sehen, wie er auf den Lehrer zutrat. Während Arne von dem Vorfall berichtete und sein Etui zeigte, kamen die beiden in den Raum.

»Finde ich gut, dass du kommst, damit wir die Sache gemeinsam bereden und klären können«, sagte der Lehrer. Dann hielt er inne und sah Arne fragend an. »Aber warum hast du Sebastian eigentlich keine geknallt? Ich muss gestehen, ich hätte gedacht, dass du ihn verprügeln würdest. So wie du gebaut bist!«

»Ich bin im Boxverein.« Es sah so aus, als ob Arne nicht wüsste, wo er seine Hände lassen sollte. »Wenn ich bei einer Schlägerei mitmache, fliege ich raus. Das musste ich sogar unterschreiben.«

»Solche Regeln habt ihr?«, staunte der Lehrer. »Ich kenne mich da wirklich zu wenig aus. Vielleicht solltest du uns da mal mehr von erzählen. Oder uns einfach mal mitnehmen, wenn das erlaubt ist und welche von den anderen Interesse haben.«

Und ob sie Interesse hatten! Sogar einige der Mädchen wollten mitkommen. Nur Sebastian fand den Vorschlag ätzend. Doch als die meisten zusagten, brummelte er auch ein »von mir aus«, damit es nicht so aussah, als ob er kneifen würde.

Arnes Boxlehrer hatte nichts gegen den Besuch. Sie durften sogar in den Ring steigen. Einer nach dem anderen. Als Sebastian sich durch die Seile schob und Arne geschmeidig vor ihm hin- und hertänzelte, mit der einen Faust das Gesicht deckte und mit der anderen angriff, konnte Tobias genau sehen, wie Sebastians Knie zitterten. Nach diesem Nachmittag war es irgendwie anders in der Klasse.

Morgen mehr Knete!

Fabian brauchte unendlich lange, bis er heute nach der Schule nach Hause kam. Immer wieder blieb er stehen, fuhr sich mit der Hand durch sein Stoppelhaar und hielt für kurze Zeit den Atem an, bevor er sich mit einem tiefen Seufzer dann weiter auf den Weg machte.

Wenn er Glück hatte, würde die Mutter noch in der Küche mit dem Vorbereiten des Mittagessens beschäftigt sein und nicht sehen, dass er ohne die blaue Jacke nach Hause kam, die sie letztes Wochenende im Supermarkt erstanden hatte und die er heute zum allerersten Mal angezogen hatte. Mutter hatte heute Morgen protestiert, aber Fabian hatte sich zuletzt doch durchgesetzt. Wie hätte er auch ahnen können, dass sie es heute nicht nur auf sein Geld, sondern auch auf seine neue Jacke abgesehen hatten. Geld hatte er die ganze Woche noch nicht mit in die Schule genommen. Er wusste nur zu gut, wie gefährlich das war, und riskierte lieber ein paar Boxschläge oder Fußtritte, wenn sie ihn untersucht und kein Geld bei ihm gefunden hatten.

Sie. Das waren sechs oder acht große Jungen, die wohl die gleiche Schule wie er besuchten. Fabian kannte noch nicht einmal ihre Namen, wusste auch nicht, in welche Klasse sie gingen. Sie standen plötzlich vor ihm, einmal zu zweit, dann zu fünft und ein anderes Mal zu noch mehr. Mochte sich Fabian auch vorher noch so sorgfältig davon überzeugt haben, dass die Straße leer war, sie standen, wie aus dem Boden gestampft, vor ihm, hielten ihm diese rostige Klinge vor das Gesicht und drohten ihm die Klinge in den Arm oder in das Gesicht zu bohren, wenn er nicht freiwillig alles herausrückte, was er an Geld oder sonstigem Kram bei sich hatte, der für sie interessant war.

Philipp, sein bester Freund, hatte sich heute sogleich verdrückt, als sie plötzlich wieder vor ihnen aufgetaucht waren. Sie hatten Philipp laufen lassen, weil sie es anscheinend nur auf Fabians neue Jacke abgesehen hatten, die ihm dann der Größte mit einem Ruck von der Schulter heruntergezerrt hatte. Nur zu deutlich hatte Fabian gespürt, dass dabei der rechte Ärmel eingerissen war.

Verzweifelt hatte Fabian um die neue Jacke gekämpft. Und als er in blinder Wut dem nächstbesten Jungen vollholz gegen das Bein getreten hatte, hatten sie ihm mit der Klinge blitzschnell den oberen Knopf seiner Hose abgeschnitten, sodass sie dann heruntergerutscht war.

»Schneiden wir ihm den Schwanz ab!«, hatte einer geschrien und bereits an seiner Unterhose gezerrt.

Da hatte sich Fabian losgerissen, hatte ihnen die funkelnagelneue Jacke überlassen und war davongerannt. Erst als er sicher war, dass sie ihn nicht verfolgten, blieb er stehen. Sie hatten ja die Jacke. Um ihn kümmerten sie sich einen Dreck.

»Ich hätte nicht weglaufen sollen!«, sagte er sich immer wieder und war sich doch nur zu sicher, dass er gar keine Chance gegen die Gang gehabt hätte. Philipp hatte das einzig Vernünftige getan. Er war ausgerissen vor ihnen. Sonst hätten sie ihn auch geschnappt.

Nun gut, Philipps Jacke war noch vom letzten Jahr. Vielleicht hätten sie ihm die gelassen.

Wie würde er das nun Mutter beibringen können? Es würde einen ganzen Haufen Ärger geben. Da war er sich nur allzu sicher. Ärger, für den er nichts konnte. Die hatten ja keine Ahnung zu Hause von dem, was sich in der Schule und auf dem Schulweg abspielte.

Fabian biss die Zähne zusammen und schluckte gewaltsam die Tränen herunter, die sich einfach nicht mehr zurückhalten ließen. Er wischte an seinen Augen herum und überlegte dann, wie er auf dem schnellsten Weg von der Wohnungstür in sein Zimmer gelangen könnte, ohne von Mutter gesehen zu werden. Sie würde sonst als Erstes nach der Jacke fragen.

Und wie er den abgeschnittenen Knopf der Mutter erklären wollte, das wusste Fabian beim besten Willen nicht.

Als er vor der Haustür stand, tauchte plötzlich Philipp

neben ihm auf. Anscheinend war er vorausgelaufen, um Fabian noch abzufangen, bevor er nach oben ging. Mit unglücklichem Gesicht reichte er Fabian einen Zettel.

»Morgen noch mehr Knete?« Fabian sah Philipp erstaunt an. »Was bedeutet das?«

Philipps Augen schwammen in Tränen.

»Sie haben dir den Zettel gegeben?«

Philipp nickte stumm.

»Was wollen sie von mir?«, fragte Fabian und las den Satz immer wieder.

»Steht doch da!«

»Sie haben mein ganzes Taschengeld! Und klauen kann ich nichts!«

Philipp schüttelte stumm die Schultern.

»Vielleicht musst du doch!«, sagte er nach langem Schweigen. »Sie meinen es ernst!«

»Was sollen sie mir schon tun, wenn ich nichts dabeihabe?«

Wieder zuckte Philipp stumm die Schultern. »Ich bring die Knete für sie mit!«, sagte er dann leise.

»Hast du denn noch was?«

Philipp schüttelte den Kopf. »Meine Oma lässt ihr Geld überall herumliegen. Sie hat noch nie bemerkt, dass etwas fehlte.«

»Und da hast du dich schon öfter bedient?«

Philipp verzog den Mund und nickte schließlich. »Ich muss jetzt heim!«

Fabian zögerte noch einen Moment, dann drückte er

dreimal hintereinander auf den Klingelknopf. Zweimal kurz, einmal lang. Das verabredete Zeichen für die ganze Familie. So brauchte man oben nicht durch die Sprechanlage nachzufragen, sondern konnte die Tür gleich öffnen. Als das leise Summen des Türöffners ertönte und Fabian leicht gegen die Tür drückte, ging Mutter oben sicher bereits wieder zur Küche zurück.

Fabian schlich die Treppen hinauf und stahl sich in sein Zimmer.

»Fabian! Bist du es?«

»Ja, Mutti!«

»Du bist heute spät!«

»Hmhm!«

»War etwas?«

»Mmmm!«

»Dann wasch dir die Hände. Papa und Anne haben bereits angefangen. Papa muss gleich wieder weg!«

Fabian atmete kurz durch! Im Augenblick war alles gut gegangen. Aber das war ja doch erst der Anfang. Irgendwann würde Mutter doch dahinter kommen, dass die Jacke fehlte.

Fabian zog schnell seine Hose aus und versteckte sie ganz hinten in seinem Schrank unter den Winterpullovern. Dann zog er eine andere Hose an.

»Wie war's heute in der Schule?«

Der Vater stellte mittags beim Essen immer die gleiche Frage. Doch er hörte kaum zu, was man darauf antwortete. So war es auch heute. Bevor Fabian sich eine einigermaßen passende Antwort zurechtlegen konnte, meinte der Vater schon: »Na ja, dann lass es dir jetzt mal schmecken!«

Doch dann kam die Sache mit der Jacke viel schneller heraus, als Fabian gedacht hatte.

Da war dieser verflixte Frisörtermin am Nachmittag. Vater sollte Fabian mit dem Wagen mitnehmen und beim Frisör absetzen. So war es bereits gestern Abend verabredet worden.

»Aber mit Jacke!«, rief Mutter hinter Fabian her, bevor er die Treppen hinunterflitzen konnte.

»Ist doch nicht kalt!«

»Bitte!«

Der Ton in Mutters Stimme gestattete keine Widerrede. Mürrisch ging Fabian in sein Zimmer zurück und zog die dunkelrote Wolljacke an.

»Die neue Jacke!«, sagte Mutter und schickte ihn zurück. »Heute Morgen wolltest du sie unbedingt anziehen!«

»Ich wollte sie mir nur für die Schule lassen!« Ein schüchterner Einwand, der keine Beachtung fand.

Noch schlimmer: Die Mutter kam bereits hinter ihm her.

»Fabian, wo ist die neue Jacke?«

Da warf sich Fabian auf sein Bett und brach in Tränen aus.

»Hast du sie in der Schule vergessen?«

»Verloren?«

Sie hockten neben ihm auf der Bettkante. Papa und Mutti. Mit vorwurfsvoller Stimme wurde alles abgefragt, was in Frage kommen konnte:

»Hast du sie beim Umkleiden in der Sporthalle liegen lassen?«

»In der Klasse?«

»Bei einem Freund?«

Sie kamen nicht drauf.

»Sie haben sie mir abgenommen!«, brach es endlich aus Fabian heraus.

»Wer?«

»Große Jungen!«

»Und du hast sie dir so ganz einfach abnehmen lassen?« Der Vater plusterte sich auf. So tat er es immer, wenn er mit einer neuen Situation nicht ganz fertig wurde, es aber auf keinen Fall eingestehen wollte. »Ich versteh das nicht!«, sagte er dann. »Du kannst dich doch wehren! Stark genug bist du doch!«

»Sie waren viel mehr. Und sie hatten ein Messer! Einen Knopf haben sie mir auch abgeschnitten!«

»Du gehst morgen früh gleich zu deinem Klassenlehrer. Er wird dir schon helfen die Jacke wieder zurückzubekommen.« Mutter wusste immer einen Ausweg.

»Ich habe Angst!«

Das war so leise, dass es kaum einer hören konnte. Vater hatte es doch gehört.

»Quatsch!« Vater räusperte sich. »Dann gehst du halt zu deinem Klassenlehrer und erzählst es ihm. Die Jungen müssen doch herauszufinden sein.«

Oh, wie Fabian dieses Gesülze hasste! Papa brauchte ja nicht mitzukommen. Und Frau Korn, seine Klassenlehrerin, würde sich bestimmt nicht mit den Jungen einlassen. Sie war ja schon froh, wenn sie von ihnen in Ruhe gelassen wurde.

»Also! Morgen ist die Jacke wieder da!« Damit schloss der Vater das Thema ab. »Jetzt komm! Schließlich hab ich auch nicht ein paar Ewigkeiten Zeit!« Er stürmte die Treppe zu seinem Wagen hinunter und Fabian folgte ihm.

Als sie bereits unterwegs waren, fiel Fabian ein, dass er das Geld für den Frisör vergessen hatte. Der Vater griff nach hinten in seine Gesäßtasche, fischte nach dem Geldbeutel und holte während der schnellen Fahrt einen Fünfzigmarkschein heraus. Er reichte ihn Fabian und meinte: »Gib Mutti den Rest, den du herausbekommst!« Fabian fiel ein Stein vom Herzen.

Vater würde sicher die ganze Geldgeschichte schnell wieder vergessen. Und Fabian hätte etwas Geld in der Tasche, was er den Jungen geben könnte.

Besser noch: Er würde einen Teil des Geldes zurücklegen. Mutter hatte vorige Woche erst gesagt, dass auch der Frisör immer teurer würde. Fabian hätte dann immerhin noch Knete in der Tasche und die Jungen würden seinen guten Willen erkennen.

Am Abend kam dann die Sache noch einmal auf den Tisch. Und am nächsten Morgen auch, bevor sich Fabian für die Schule fertig machte.

»Da gibt es kein WENN und ABER!«, sagte Vater noch einmal nachdrücklich. »Wenn du nicht selbst zu den Jungen gehen willst, musst du dich an deine Lehrerin wenden. Ich will jedenfalls die Jacke sehen, wenn du heute Abend nach Hause kommst!«

Und Mutter fügte gleich hinzu, dass er doch dabei gewesen war, als sie die Jacke gekauft hatten.

»Also!«, rief Vater aufmunternd und schlug ihm tüchtig auf die Schulter. »Du bist doch kein Feigling, mein Junge! Zeige ihnen, was in dir steckt!«

Fabian war sich nur zu sicher, dass er die Jacke niemals wieder sehen würde. Sicher hatten die Jungen die Jacke auch längst nicht mehr. Sie war verkauft und jeder hatte ein bisschen daran verdient. Sie hatten ihr Geschäft mit seiner Jacke gemacht. Irgendwann würden Vater und Mutter sich daran gewöhnen müssen, dass die Jacke für immer weg war. Fabian jedenfalls hatte nicht die geringste Hoffnung sie jemals wiederzubekommen.

»Hast du die Knete?«, fragte Philipp, der an der Ecke zur Knieriemstraße auf ihn gewartet hatte. Fabian nickte stumm.

»Wie viel?«

»Sieben!«

»Hundert?«

»Red keinen Quatsch! Wo soll ich hundert Mark herhaben?«

»Sie wollen aber so viel!«

»Und wie viel hast du?«

»Fast achtzig! Scheiße, dass man das schöne Geld hergeben muss!«

»Du wirst ihnen doch nicht alles geben!«

»Weißt du was Besseres?«

»Meine Eltern wollen unbedingt, dass ich die Jacke wieder mitbringe!«

»Dann frag sie doch einmal, ob du sie wiederhaben kannst. Sag ihnen, du kriegtest sonst Ärger mit deinen Leuten!«

»Und wenn sie das bei dir zu Hause mit den zweihundert Mark rauskriegen?«

»Es gibt Schlimmeres!« Philipp seufzte leise.

»Mensch, wir sind schon an der Schule!«, sagte Fabian plötzlich. »Und sie waren nicht da!«

»Haben wir ein Glück!«, rief Philipp und seine Stimme klang auf einmal wieder sicher wie sonst.

Sie beeilten sich auf den Schulhof zu den Klassenkameraden zu kommen. Wenn sie alle beieinander waren, fühlten sie sich immer noch am sichersten.

Als an diesem Tag Fabian immer noch nicht nach Hause kam, obwohl es längst Zeit gewesen wäre, rief seine Mutter zunächst in der Schule und dann bei seiner Klassenlehrerin an.

In der Schule war niemand mehr. Und die Lehrerin, die sie dann endlich zu Hause erreichte, wusste von nichts. Sie konnte sich nur erinnern, dass Fabian heute sehr fahrig gewesen war. Sie hatte ihn schon fragen wollen, ob irgendetwas nicht in Ordnung sei, war aber dann wieder davon abgelenkt worden und hatte es zum Schluss vergessen.

»Er wird sicher bald kommen!«, sagte sie tröstend. Was sollte sie sonst auch sagen?

Der Vater wartete noch zehn Minuten ab, dann machte er sich selbst auf den Weg. Er ging die Straßen ab, die Fabian kommen musste, wenn er keinen Umweg machte.

Kurz vor dem Kiosk kam ihm dann sein Sohn entgegen. Hinkend und blutend, als käme er direkt aus einem dieser Filme, die er so gern im Fernsehen sah.

Aber das war hier kein Spiel, sondern echte, grausame Wirklichkeit.

»Was haben sie mit dir gemacht?«, rief Vater und nahm das heulende, blutende Etwas in seine Arme, drückte es an sich, nahm es hoch und trug es auf beiden Armen nach Hause.

Das war lange her, seit Vater Fabian auf seinen Armen getragen hatte.

»Mein Junge!«, flüsterte er immer wieder und konnte nichts dagegen tun, dass er weinen musste.

An diesem Nachmittag begriffen Fabians Eltern, was sich Tag für Tag auf dem Schulweg abspielte. Der Vater nahm einen halben Tag Urlaub und fuhr, nachdem Fabian gesäubert war und auch etwas gegessen hatte, als Erstes mit ihm zur Polizeistation.

Und Fabian packte aus. Er erzählte alles, was er sich bisher nicht getraut hatte seinen Eltern zu beichten.

»Diese Burschen zwingen die Kinder also dazu, zu Hause Geld zu stehlen und ihnen zu geben. Und diese tun es, weil sie vor Angst nicht mehr aus noch ein wissen!«

Vater konnte es nicht fassen. Immer wieder schlug er sich mit der flachen Hand gegen die Stirn. »So etwas kann es doch nicht geben!«, sagte er. »So etwas darf es doch nicht geben. Wir leben hier doch in einem zivilisierten Land!«

»Das ist vielleicht nur der Anfang!«, sagte die Polizistin, die sich viel Mühe mit Fabian und seinem Vater machte und alles gewissenhaft zu Protokoll nahm.

»Und was machen Sie jetzt?«, wollte Vater wissen. »Gibt das Jugendgefängnis . . . oder?«

Die Polizistin zuckte zögernd mit den Schultern. »Erstens haben wir die Jungen noch nicht, zweitens müssen wir uns genau überlegen, wie wir gegen sie vorgehen können. Schließlich wollen wir ja nicht, dass Fabian noch mehr unter ihnen zu leiden hat.«

»Das bringen Arbeitslosigkeit und die Hoffnungslosigkeit mit sich!«, meinte sie dann. »Haben Sie einmal die Berichte aus den Staaten gesehen? Wir können nur hoffen, dass es hier nicht noch schlimmer wird. So wie in den USA!«

»Wir sind hier Gott sei Dank nicht in Amerika!«, sagte Vater. »Und was wollen Sie jetzt tun?«

Als die Polizistin ihm keine Antwort gab, polterte er los. »Geben Sie mir doch einen vernünftigen Rat, was wir tun sollen, damit der Junge morgen nicht wieder zusammengeschlagen wird!«

Er holte tief Atem. Als die Polizistin immer noch schwieg, sagte er schließlich: »Wir können doch nicht einfach fortziehen!«

»Das wäre vielleicht eine Lösung!«, meinte die Frau. »Aber wer kann das schon. In ganz kleinen Orten und auf manchen Dörfern ist die Gewalt in der Schule noch nicht so ausgeprägt wie hier.«

»Tun Sie was!«, sagte der Vater beschwörend, als sie endlich gingen. »Tun Sie doch etwas für unsere Kinder!« Es klang wie ein Hilferuf.

Der Rektor der Schule, den Vater dann noch aufsuchen wollte, war nicht zu Hause oder ließ sich verleugnen.

»Das kommt immer wieder vor!«, sagte seine Frau an der Haustür. »Es hat meinen Mann ganz krank gemacht, weil er so hilflos ist und nichts dagegen tun kann!«

»Aber etwas muss er doch für diese Kinder tun!« Vater hob verzweifelt die Arme.

»Was denken Sie, was er nicht alles schon probiert hat!« Die Stimme der Frau klang resigniert. »Er kann sich ja noch nicht einmal auf seine Kollegen verlassen. Da hat einer mehr Angst als der andere!«

»Vor wem?«, fragte Vater. »Vor den Kindern?«

»Sind das noch Kinder?«, fragte die Frau zurück. »Sie erzählen doch selbst, dass sie Ihren Sohn so zugerichtet haben. Das sind Monster, brutale Gangster!«

»Und was wird Ihr Mann tun?«

»Was soll er tun? Das alles hat ihn so krank gemacht, dass er einen Antrag auf vorzeitige Pensionierung gestellt hat. Er wird sich, wenn alles klappt, zum Ende des Schuljahres in den Ruhestand versetzen lassen!«

»Und die Schule? Die Kinder?« Nach und nach begann Vater zu begreifen, dass er hier auch nicht weiterkam.

»Irgendwann muss mein Mann auch einmal an sich denken«, sagte die Frau leise und blickte Vater nicht an. Sie strich Fabian leicht über das Haar. »Sie sind nicht der Einzige, der deshalb zu meinem Mann kommt!«, sagte sie und hob bedauernd die Arme.

»Ja, das war es dann!«, sagte Vater schließlich, als er hinter sich und Fabian das Gartentor schloss. »Aber wir sind doch nicht in Amerika!«

Als sie heimkamen, hatte Vater wirklich begriffen, was Fabian Tag für Tag auszustehen und welche Angst er hatte.

Angst, die ihn oft nachts nicht schlafen ließ. Jetzt verstand Vater auf einmal, warum Fabian nachts oft noch im Haus herumgeisterte.

»Ich könnte ihn jeden Tag bringen und abholen!«, meinte Mutter, doch da waren Vater und Fabian strikt dagegen.

»Meinst du, sie lassen sich von dir einschüchtern? Am Ende gehen sie noch auf dich los! Und denen bist du nicht gewachsen!«

Ein Schulwechsel? Das schlug Fabian selbst vor, obwohl er wusste, dass es ihm sehr schwer fallen würde, seine Klasse zu verlassen. Außerdem war er hier einer der besten Schüler. Wer konnte ihm versprechen, dass das in einer anderen Schule auch so sein würde.

»Er müsste mit dem Bus oder der S-Bahn fahren!«, sagte Vater nachdenklich. »Zu Fuß schafft er es bestimmt nicht.« Fabian wusste, was das bedeutete: früher aufstehen, früher losgehen und später nach Hause kommen.

Und wer konnte ihm denn versprechen, dass es in der anderen Schule wirklich keine von diesen Typen gab, die ihn auch dort anmachten.

»Die Monatskarte kostet auch ihr Geld!«, meinte Vater. Und Mutter kramte in dem Stapel alter Illustrierten herum, bis sie die gefunden hatte, die sie suchte. Sie blätterte kurz und knallte dann den aufgeschlagenen Artikel auf den Tisch.

»Gewalt in der Schule!«, las sie laut.

Den Artikel hatte damals auch Vater gelesen. Niemals hätte er daran gedacht, dass sein eigener Sohn selbst einmal in solche Schwierigkeiten geraten würde und ihn vor solche Probleme stellte.

»Ich werde schon damit fertig!«, sagte Fabian schließlich. Es gab ja keine andere Möglichkeit.

»Wenn du es nicht schaffst, müssen wir an die andere Schule denken!« Vater sagte es und legte den Arm um Fabians Schulter.

Das tat so gut, dass Fabian vor Glück hätte weinen mögen. Wie schön könnte das Leben sein, wenn diese blöden Typen nicht wären, von denen Fabian nicht einmal die Namen wusste.

»Los jetzt! Gib die Jacke her!«

Die beiden Jungen hatten den Kleineren so fest im Würgegriff, dass er sich nicht mehr befreien konnte.

»Ich hab nur die eine!«, schluchzte der Kleine.

»Dein Problem!«, sagte Philipp und riss sie ihm von den Schultern.

»Ich sage es morgen in der Schule!«

»Würde ich nicht tun!«, sagte Fabian und schlug dem Jungen mit der flachen Hand hart ins Gesicht, dass sogleich die Nase zu bluten begann.

Ein strahlender Sommervormittag. Blauer Himmel mit ganz wenigen Schäfchenwolken davor.

Und ein bitterlich weinender Junge, der immer wieder seine Hand nach der Jacke ausstreckte und schließlich mit hängendem Kopf und schlurfenden Schritten davonschlich.

»Nächste Woche bringst du uns noch Knete mit!« Philipp hatte die Jacke um sich geschlungen und tanzte mit ihr herum.

Ja, das war eine gute Idee gewesen, am Mittwoch, wenn sie früher aushatten, mit dem Bus zur Fröbelschule im nächsten Stadtteil zu fahren. Hier kannte sie keiner.

So gelang es ihnen, an diesem Vormittag vier Jacken zu erbeuten.

Fabian fand sogar eine Jacke, die ganz ähnlich der Jacke war, die sie ihm abgenommen hatten.

»Super!«, sagte Philipp leise, als sie dann nebeneinander im Bus saßen.

»Und nächsten Mittwoch, wie besprochen, zur Rathausstraße. Da ist auch noch eine Grundschule!«

Fabian nickte. »Dort kennt uns kein Mensch.«

Das war nun endlich die Lösung. Selbst wenn sie ihren Peinigern abgeben mussten, blieb ihnen selbst doch auch etwas übrig. Nachschub gab es immer wieder.

Und einmal würden sie auch größer sein. So groß wie jene, vor denen sie sich heute noch fürchteten.

Anke Hansch/Thomas Kulisch/
Alexander Nowack/Jörn Vogel/Otto Herz

»Und wurde die Liebe gelehrt?«

Gewalt unter Jugendlichen — mittlerweile ein Muss für jede Schule?

Ich glaube eigentlich von mir behaupten zu können schon über einiges in unserer Schülerzeitung »KRAKE« der 1. Gesamtschule Cottbus geschrieben zu haben. Bei dem Thema »Gewalt in der Schule« verschlug es mir aber beim Sammeln von Hintergrundinfos teilweise die Sprache. Da werden Mädchen von Mitschülern zu sexuellen Handlungen gezwungen; es werden jüngere Schüler schikaniert, bis zum Letzten provoziert und anschließend krankenhausreif geschlagen. Es wird erpresst, geprügelt und gedemütigt, wo es nur irgend geht. Wo sind die Zeiten hin, wo man sich gegenseitig bei den Hausaufgaben half, zusammen den Nachmittag mit Freunden auf dem Fußballplatz verbrachte oder wo man ganz einfach Verständnis und Freundschaft den Vorrang ließ? Aber es hilft uns nicht, der Vergangenheit nachzutrauern. Wir müssen uns mit der Realität abfinden. Und das heißt, dass wir uns damit abfinden müssen, dass Sechstklässler, bewaffnet bis an die Zähne, Wegzoll von uns verlangen, dass man abends nicht mehr allein zu einer Schulveranstaltung gehen kann, weil man Angst haben muss eventuell im Krankenhaus aufzuwachen, dass Lehrer mit »Heil Hitler« begrüßt werden, dass die gesamte Lehrerautorität verloren geht, dass man sich nicht mehr mit ausländischen Freunden unterhalten darf, dass das Leben in der Schule zum täglichen Horrortrip wird!

Aber müssen wir uns wirklich damit abfinden? Ich glaube nicht! Im Gegenteil, wir müssen endlich begreifen, dass das keine Einzelfälle bleiben werden, dass das Gewalt ist, die von Kindern ausgeht(!), dass wir nicht länger daneben stehen dürfen!

Bei all dieser Gewalt stellen sich mir immer wieder die gleichen Fragen. Wo kommt diese Gewalt her? Wer ist der Verursacher? Wer ist verantwortlich für dieses Gewaltpotenzial an Schulen? Einen Teil meiner Antwort fand ich in einem Gedicht, das Schüler meiner Schule geschrieben haben.

Schmellwitz

In Cottbus gibt es ein Wohngebiet,
Das ist so trist und grau.
Hier wohnen 20 000 Mann,
Auch Kind und Greis und Frau.

Vor Jahren war ein heißer Herbst,
Die Wende nennt man ihn.
Für dieses graue Stück Stadt
War keine Wende drin.

Die Höfe sind noch trist und grau,
Die Kinder spieln im Dreck.
Nur ganz vereinzelt gibt es
Hier auch mal 'nen grünen Fleck.

Geschäfte gibt es jetzt paar mehr,
Auch Buden zum Verkauf.
Die Hütte namens Jugendklub
Nimmt hundert Leute auf.

So stehn sie in den Ecken rum.
Beschimpft und nicht geliebt.
Die Teens, die Kids, die Kinderschar,
Von denen es so viele gibt.

Man mag sie nicht, sie sind so laut,
Man schimpft und jagt sie fort.
Wo aber sollen sie denn hin,
In diesem tristen Ort.

Ihr Großen hier in dieser Stadt,
Seht doch mal richtig hin,
Das ist ein großer Teufelskreis,
Und wir sind mittendrin.

In Cottbus gibt's ein Wohngebiet,
Das ist so trist und grau.
Hier wohnen 20 000 Mann,
Auch Kind und Greis und Frau.

Thomas Kulisch
Alexander Nowack
Jörn Vogel

Passend zu diesem Gedicht, fiel mir ein Zitat ein, das ich irgendwo einmal gehört hatte und das da hieß: »Die Kinder von heute brauchen Platz zum Spielen!« Wie wahr! Aber diesen Platz gibt es nicht für Jugendliche aus Kasernengettos wie in Berlin-Mahrzahn oder eben in Cottbus-Schmellwitz. Denn diesen Platz findet man nicht auf heruntergekommenen Spielplätzen, auf dunklen Hinterhöfen und schon gar nicht in überfüllten Jugendklubs.

Wir verbringen den größten Teil unserer Zeit in der Schule, und das sind meist ungepflegte, hässliche Kastenbauten, durch die unsere Laune nicht gerade ihr Maximum erreicht. Dieses Abstoßende macht Schüler aggressiv. Sie lernen nicht viel, aber eins lernen sie schnell, nämlich, wie sie sich behaupten, wie sie überleben in diesem Wettbewerbsleben, in dieser unüberschaubaren Anonymität an großen – viel zu großen Schulen. Bei solchen Verhältnissen lassen Aggressivität, Unverständnis und Intoleranz nicht lange auf sich warten. Schuldirektoren, Sozialarbeiter und Pädagogen fangen an zu resignieren, obwohl sie oft selbst Auslöser unkontrollierter Handlungen bei Schülern sind. Unfaire Leistungsbeurteilung, Leistungswettbewerb, mangelhafte Anerkennung von Leistungsschwächeren, Chancenungleichheit und das Thema »Lieblingsschüler« sind nur einige Punkte, die dabei eine Rolle spielen.

Natürlich sind die Lehrer nicht das Hauptproblem. Während und nach der »Wende« verloren viele Eltern ihren Arbeitsplatz. Wut und Verzweiflung machten sich in manchen Familien breit. Das ach so hoch gelobte Zusammenwachsen beider Teile Deutschlands lief plötzlich nicht mehr so, wie es sich die Mehrheit vorgestellt hatte. Es begannen sich unübersehbare Schönheitsfehler in dem Geflecht von Euphorie, aufstrebenden Politikern und unrealisierbaren Zukunftsplänen zu zeigen. Der Plan der deutschen Einheit ging nicht ganz so auf, wie er eigentlich geplant war. Die schon vorhin erwähnte Wut ließen Eltern oft zu Hause raus — benutzten ihre Kids als Wutventile. Viele Kinder suchten dann woanders Halt und angebliche Liebe. Und die fanden sie in solchen Gruppen, die Alte, Schwächere und Andersdenkende angreifen, die ihre neue Art der Macht andere nur allzu deutlich spüren lassen. Aber es wird uns nichts nützen, wenn wir nur nach den Ursachen suchen. Wir müssen gegen diese Gewalt angehen, überlegen, was wir als Schule dagegen unternehmen können.

An meiner Schule ist das Problem der Gewalt nicht allzu groß, dachte ich, bis vor ein paar Tagen ein Mädchen brutal von Mitschülerinnen der eigenen Klasse zusammengeschlagen wurde, und das nur aus einem der primitivsten Gründe, die ich gehört habe. Susanne, so heißt das Mädchen, war gerade nicht »in«. Sie trug zur falschen Zeit die falschen Klamotten, dachte und sagte zur falschen Zeit das Falsche! Während dieses Akts unentschuldbarer Anwendung von körperlicher Gewalt standen noch mehrere Schülerinnen daneben und johlten, was das Zeug hielt. Auch Jungen aus dieser Klasse standen dabei, aber keiner besaß die Courage dazwischenzugehen. Keiner sprach auch nur eines der Wörter »Halt!« oder »Stopp!« aus. Susanne hat auch noch Tage danach neben einem verschwollenen und blutig getretenen Körper einen Schock, der so tief in ihrem Innersten sitzt, dass es mehr als nur ein paar freier Schultage bedarf, ihn zu heilen. Ihre äußerlichen Narben werden schnell heilen, aber das, was sich in ihrem Kopf und in ihrem Herzen abspielt, wird Narben hinterlassen, die nie heilen werden. Das Schlimmste für mich zeigte sich allerdings erst in der darauf folgenden Aussprache mit der Klassenlehrerin und unserem Sozialarbeiter. Die Mädchen und Jungs, die da vor mir saßen, empfanden das Ganze nicht als schlimm, für sie war es normal. Sie sahen nicht die Brutalität und Gewalt in ihrem Tun. Sie sahen das, was sie getan hatten, nicht als Gewalt an. Im Gegenteil, sie fanden es als gerechte Strafe dafür, dass Susanne das Opfer war und sie die Täter. Sie wollten es nicht verstehen, nicht akzeptieren. Für sie war eindeutig Susanne die Schuldige.

Nur ein einziges Mädchen formulierte die Worte »Es tut mir Leid!« Abgesehen von einer laufenden Strafanzeige und einer angekündigten Schulstrafe, erwartet sie alle auch noch die Aussprache mit ihren Eltern. Aber wird das helfen? Ich glaube kaum, wenn eine Mutter schon im Vorfeld verlauten ließ: »Es war richtig, was meine Tochter tat. Es war die einzige Möglichkeit!« Wenn Eltern schon nicht die Falschheit von Gewalt erkennen, wie wollen wir es erst dann den Kindern klar verständlich machen? Ohne die volle Unterstützung seitens der Eltern wird sich meines Erachtens absolut nichts in dieser Richtung bewegen.

Da Gewalt auch mit Worten zu führen ist, bleibt Susannes Schicksal nicht das einzige Beispiel unserer traurigen Statistik. Und um nicht tiefer in diesen Sumpf zu versinken, musste auch unsere Schule sich etwas einfallen lassen.

An unserer Schule gibt es einen so genannten »Schulklub«, den Schüler leiten und führen, die am Nachmittag nicht wissen, wohin mit ihrer Zeit. Kinder, die am Nachmittag niemanden haben, außer sich selbst. Sie laufen in endlosen Statistiken unter dem kalten Wort »Schlüsselkinder«. In diesem Klub, eingerichtet mit Sesseln, Couch, Tischen, Schrankwand und Fernseher, können sie mit Freunden über ihre Probleme quatschen, sich beschäftigen oder ganz einfach relaxen. Unter anderem läuft momentan der Antrag jeden Monat eine Disko veranstalten zu dürfen. Letzten Monat bekam der Schulklub sogar eine Spende von einer Firma in Höhe von DM 500,–. Dies alles lässt sich natürlich auch an anderen Schulen realisieren, vorausgesetzt, man findet Leute, die sich wirklich mit vollem Herzen dafür einsetzen, so wie bei uns. Der Schulklub ist weiß Gott nur ein Tropfen auf den heißen Stein, aber man bekommt die Kids für ein paar Stunden von der Straße, und wenn nicht direkt bei den Kindern, wo dann sollte man anfangen?

Ein zweites durchaus akzeptables Lösungsangebot bekamen wir von der Stadt, nämlich einen Sozialarbeiter. Die Sache an sich ist ja ganz gut und schön, aber meiner Meinung nach braucht jede Schule so einen Sozialarbeiter. Einer an jeder sechsten Schule reicht bei weitem nicht aus. Aber wie immer ist die einzige Hürde das Geld, denn in dieser unserer Gesellschaft steckt man es lieber in neue Bürogebäude. Es ist nicht so, dass ich Bürogebäude unwichtig finde, aber sind die Menschen der Zukunft nicht um etliches wichtiger?

An unserer Schule haben sich auch viele Interessengemeinschaften formiert. Arbeitsgemeinschaften, ein Gesprächsforum, unsere Schülerzeitung »KRAKE«, ein Videoklub, ein Fotografieklub, eine demnächst stattfindende Projektwoche – alles gute Mittel zur Durchsetzung des Mottos unseres Sozialarbeiters »An der 1. Gesamtschule Cottbus wird es in Zukunft keine Gewalt mehr geben!«

Aber nicht an allen Schulen gibt es so viele Möglichkeiten wie bei uns. Und nicht immer nehmen die Schüler diese Formen der Gewaltbeseitigung an. Auch bei uns nicht.

Wie man sieht, haben wir also noch einiges zu tun und wir werden es nur schaffen, wenn Schüler, Lehrer und Eltern zusammenarbeiten, denn ansonsten wird nichts mit der Schule als gewaltfreie Zone. Natürlich brauchen wir auch Politiker, die z. B. Gelder für Jugendklubs etc. freimachen, denn die rentieren sich bestimmt besser als irgendwelche Dreisternehotels. Ich hoffe, wirklich, dass sich endlich etwas in diesem Land bewegt, denn wir haben schon zu lange nur daneben gestanden. Denken wir an Kinder wie Susanne! Sie sollen endlich wieder ohne Angst in die Schule gehen und sich in Ruhe auf ihr späteres Leben vorbereiten können. Seien wir also nicht länger Zuschauer, seien wir einer von denen, die »Halt« sagen, egal, ob es gegen Gewalt gegen Deutsche oder Ausländer geht! Denn Gewalt bleibt Gewalt, ob nun im Kopf oder in der Hand, bei Kindern oder Skins, ob zu Hause oder in der Schule, ob mit Worten oder Füßen, ob gegen einen Deutschen oder Türken, ob bei uns oder in Amerika – Gewalt bleibt Gewalt und wird es immer bleiben, wenn wir nicht endlich etwas unternehmen! Es ist unsere Zukunft – denkt immer daran, bei allem, was ihr tut!

Mit diesem Text habe ich vor ein paar Tagen einen Sonderpreis der »I. R.« beim Literaturwettbewerb der Kulturwerkstatt »P 12« gewonnen. So einen Text zu schreiben beruhigt unheimlich das Gewissen, weil man das Gefühl hat etwas gegen die Gewalt getan oder sich wenigstens damit beschäftigt zu haben. Aber nach ein paar Wochen ist dieses Gefühl vorbei und man steht erneut vor dem gleichen Problem. Mich »erwischte« es diesmal aber noch viel zeitiger.

Gestern (26.11.1993) trat eine Klassenlehrerin unserer Schule an die »KRAKE«-Redaktion heran, mit der Bitte etwas zu dem Thema »Gewalt an der Schule« zu veröffentlichen, denn in ihrer Klasse ist dieses Thema zur rohen Realität geworden. Ich frage euch jetzt, wie kann man mit ruhigem Gewissen jemanden so schlagen, dass dieser ins Krankenhaus eingeliefert werden muss? Wie, um alles in der Welt, kann man so weit gehen? Ich glaube, dass wir alle schon recht zeitig, ob nun von unseren Eltern oder Lehrern, gelernt haben, dass Gewalt keine Lösung ist. Ich weiß, dass ich mit meiner Schreiberei wenig ausrichten kann, aber vielleicht versetzt sich der eine oder andere einmal in die Rolle derer, die da geschlagen oder seelisch gequält werden, und vielleicht stellt der eine oder andere an euch fest, wie verdammt hart es sich in dieser Rolle leben lässt!

Anke Hansch
Klasse 12, 1. Gesamtschule Cottbus-Sandow

Ein Brief an Anke H., Thomas K., Alexander N., Jörn V. in Cottbus – und nach anderswo

Liebe Anke, lieber Alexander, lieber Jörn, lieber Thomas! Kennt ihr das Gedicht von Erich Fried

Fragen nach den Menschen

Für E. B.

Und wurde die Liebe gelehrt?
Ja, aber schlecht und heimlich.
Und wurde der Tod gelehrt?
Ja, aber nur zum Teil.

Wieso zum Teil?
Es wurde nur Töten gelehrt,
gelehrt und geübt,
und das Sterben totgeschwiegen.

Und wurde der Hass gelehrt?
Ja. Gelehrt und geschürt, aber nur
auf den, der Feind genannt wurde,
und nicht auf das eigene Unglück.

Und was taten sie mit ihrem Leben?
Fast alle nur das,
was zu erwarten war,
nach einer solchen Lehrzeit.

Erich Fried, Fragen nach den Menschen
aus: Am Rand unserer Lebenszeit
© Verlag Klaus Wagenbach, Berlin 1987
s. a. Gesammelte Werke 1993

Ich musste spontan an dieses Gedicht denken, als ich euer Gedicht, als ich deinen Bericht, Anke, in E&W plus 2/94 (das steht für »Erziehung und Wissenschaft«, die Zeitung der Gewerkschaft Erziehung und Wissenschaft – GEW) las.

Ihr habt mich mit eurem Text sehr beeindruckt. Ich bin beim Lesen tief erschrocken. Und dann war ich auch wieder ermutigt dadurch, dass ihr so genau beobachtet, so präzise benennt, ohne Überheblichkeit Ursachen aufspürt, Übles schreibend aus dem Stillschweigen herausholt und dann so einfach und eindeutig sagt: So geht es nicht; dulden wir diese alltägliche Gewalt, die gerade nicht Alltag werden darf, dann gehen wir über kurz oder lang alle kaputt, werden vielleicht selbst zu Tätern, weil wir zu Opfern geworden sind.

»Müssen wir uns wirklich damit abfinden?«, fragt ihr euch. Und in eurer Frage steckt ja schon die Antwort: Nein!

Analysen über die Ursachen der Gewalt gibt es viele. Ihr nennt die Ursachen ja auch. Sie reichen von A bis Z. Von Armut und Anonymität, von Ausgrenzung und selbst erfahrener Aggressivität, von Ausweglosigkeit und Alkohol, von Angeberei bis zur Anomie: Das ist der Zustand in Gruppen und Gesellschaften, in denen die Regellosigkeit zur zuletzt verbliebenen Regel geworden ist. Vom Mangel an Zeit bis zum Mangel an Zärtlichkeit, vom Mangel an Zuwendung bis zum Mangel an Zuversicht.

Ein Mehr an Analysen ist weniger wichtig als eine unerschrockene Entschiedenheit, für »das andere« einzutreten. Ich nenne es: Wohl-be-finden.

Und hier habt ihr, hat die Schule so viele Möglichkeiten. Nicht die abstrakte Schule, sondern die konkrete Schulgemeinde im Zusammenwirken von Schülerinnen und Schülern, Lehrerinnen und Lehrern, Eltern, den Nachbarn und an Schule Interessierten.

Die Schule kann nicht die Gesellschaft ändern. Aber in der Schule kann ein anderes Zusammenleben ermöglicht, erprobt, erarbeitet, entwickelt und also erlebt werden. »Ein Zipfel der besseren Welt«.

Die wichtigste Aufgabe der Schule besteht *nicht* darin, Stoffmengen sich reinzuziehen. Das führt bei vielen zur geistigen Verstopfung, die ihrerseits dann leicht wieder zur Ursache der Apathie oder der Aggressivität wird.

Die wichtigste Aufgabe von uns allen ist die Schule als einen Erfahrungs- und Lebensraum zu gestalten, von dem ich, von dem du, von dem immer mehr sagen können: Hier wird auf meine Fragen eingegangen; hier erfahre ich Anregung und Unterstützung für mich selbst einmal begreifen zu können, was oft in mir unklar, unerkannt, unbewusst brütet und brodelt; hier kann ich mich mit anderen zusammensetzen, damit wir uns gemeinsam mit unserer Situation auseinander setzen; hier werde ich erst einmal so akzeptiert, wie ich bin, mit allen meinen Ecken und Kanten, die mich ja gerade ausmachen, ja auszeichnen, einzigartig machen, die mir deswegen nicht abgeschliffen werden, wie es eine alte, wenig menschliche Erziehungsvorstellung zum Ziel hatte; hier kann ich mich mit anderen zusammenschließen, weil »gemeinsam ist besser als einsam«; hier ist gerade nicht alles festgelegt, vorgeschrieben, vorentschieden, verbindlich und verpflichtend, sondern offen für Anregungen, offen für Alternativen, offen für die selbst ausgedachten und dann angepackten Gestaltungswünsche. Und weil es immer Unterschiedliches gibt, wo diese Offenheit besteht, gilt es, die Auffassungen und Vorstellungen gegeneinander zu prüfen: Was bringen sie mir, was bringen sie dir, was bringen sie uns allen; denn in der Regel tut nur das wirklich gut, das keine Verlierer, Unterlegene, Abgeschobene produziert.

Das gilt für die (schulischen) Inhalte, die unserem Leben – auch dem gegenwärtigen – dienlich sein müssen. Ich erzähle gerne die Geschichte aus der Bronx, keinem einfachen Stadtteil in New York. Ein Lehrer fragt einen Schüler: »Ja, nun sage mir doch, wie viele Beine hat eine Heuschrecke?« – Der Junge überlegt und überlegt. – Dann schaut er zum Lehrer hin und hoch und antwortet: »Wissen Sie, Ihre Probleme möchte ich mal haben!«

Das gilt für die Formen des Lernens und Handelns. Es ist ja kein Zufall, dass ihr in eurem Bericht positiv vom Videoklub sprecht, vom Fotografieklub, von der Schülerzeitung, der Projektwoche.

Das gilt auch für die Orte des Lernens. Gestaltete Räume sind Schutz vor innerer und äußerer Verwahrlosung.

Ein Wohngebiet – »das ist so trist und grau. Hier wohnen 20 000 Mann, auch Kind und Greis und Frau« – lässt sich nicht im Handstreich ansprechend ausmalen. Aber ein Klassenzimmer, das schon durch seine Atmosphäre ausstrahlt und einlädt, das ist doch auch mit einfachen Mitteln zu ent-grau-en. Ihr nennt den Beweis, indem ihr auf euren »Schulklub« hinweist. »Ein Tröpfchen auf den heißen Stein«. Wahr. »Steter Tropfen höhlt den Stein« heißt die dazugehörende Einsicht.

Ich schreibe euch diesen Brief, weil ich auch dies unterstützend bestätigen will: Damit die Initiativen, die nicht nur anfangs, sondern oft auch lange Zeit eher eine Minderheit sind, initiativ bleiben, sich von den ganz unvermeidbaren Widerständen und manchmal auch Widerlichkeiten nicht abschrecken, unterkriegen, entmutigen lassen, brauchen wir natürlich eine Politik, die auf Seiten der Kinder, der Jugendlichen, auf Seiten der Entfaltung der Menschen steht und nicht ihrer Abrichtung und Ausbeutung.

So verstehe ich meine Aufgabe als Pädagoge in einer Gewerkschaft. Über die Generationen hinweg müssen wir Bündnisse schließen, um – nüchtern und kritisch – die Welt zu erfahren, wie sie ist: ohne uns ihr zu unterwerfen, wie sie ist.

Mit einem Gedicht von Erich Fried habe ich begonnen. Mit einem Gedicht von Erich Fried will ich auch schließen.

Auch dieses Gedicht stellt Fragen.

Wo lernen wir?

Wo lernen wir leben
und wo lernen wir lernen
und wo vergessen
um nicht nur Erlerntes zu leben?
Wo lernen wir klug genug sein
die Fragen zu meiden
die unsere Liebe nicht einträchtig machen
und wo
lernen wir ehrlich genug sein
trotz unserer Liebe
und unserer Liebe zuliebe
die Fragen *nicht* zu meiden?

Wo lernen wir
uns gegen die Wirklichkeit wehren
die uns um unsere Freiheit
betrügen will
und wo lernen wir träumen
und wach sein für unsere Träume
damit etwas von ihnen
unsere Wirklichkeit wird?

Erich Fried, *Wo lernen wir?*
aus: Einbruch der Wirklichkeit
© Verlag Klaus Wagenbach, Berlin 1991
s. a. Gesammelte Werke 1993

Ich hoffe, dass wir in Gemeinsamkeit etwas dafür tun, dass eine Antwort heißen kann: in meiner Schule, in deiner Schule, in immer mehr Schulen, in Schulen ohne Gewalt, in Schulen der Menschlichkeit für heutige Menschenkinder.

Herzlichen Dank euch!

Euer

Frühlingstage

24. April

Heute ist Sonntag. Gott sei Dank, da ist wenigstens mal
Ruhe und ich bin mit Mama allein. Am allerliebsten wäre
ich immer mit ihr allein, ohne Tim, der nervt meistens ja
nur. Und immer bekommt er Recht, weil er angeblich
noch so klein ist. Der und klein. Aber das kapieren die
Erwachsenen ja nicht. Selbst Mama nicht. Wenn Tim
heult, wird sie weich. Na ja. Gleich gehe ich mit ihr in die
Eishalle. Wenigstens etwas.

25. April

Den Mathetest kann ich, glaube ich, vergessen. Vier von
neun Aufgaben habe ich nicht. Suse auch nicht. Aber
typisch, Sven hat sie alle und lässt keinen abschreiben.

Damit er der Beste ist. Den müsste man mal hängen lassen, diesen Blödmann. Schmeichelt sich überall ein und tut wie die Unschuld persönlich. Klar, die Lehrer fallen auf so was ja rein. Die merken ja auch nichts. Die meisten jedenfalls. Und der Kistermann ist doch nur froh, wenn er einen reinlegen kann. Was anderes interessiert den sowieso nicht. Bitte, dann kriege ich eben eine Fünf. Wird doch garantiert eine. Mama sage ich besser erst gar nichts.

27. April

Papa hat angerufen. Kann man sich auch rot im Kalender anstreichen. Gestern dachte ich, ich hätte ihn auf der Straße gesehen. War mir aber nicht sicher. Nächstes Wochenende holt er mich ab. Mama war nicht gerade begeistert. Weil der sich immer nur um mich kümmert, wenn es ihm passt. Wenn ich ehrlich bin, wäre mir Tims Vater auch lieber. Aber na ja. Ohne geht auch.

28. April

Heute war vielleicht was los. Auf den Jungenklos gab's eine Riesensauerei. Alles stand unter Wasser. Da haben welche Klopapierrollen in die Klos geworfen. Alles war verstopft und ist übergelaufen. Aber keiner weiß, wer es war. Auf dem Rückweg war übrigens wieder der nette Junge im Bus.

2. Mai

Es ist oberschrecklich zu Hause. Mama hat die beste Laune aller Zeiten. Wenn man sie nur schon schief anguckt, geht sie hoch. Aber was kann ich dafür, wenn sie lieber eine andere Arbeit hätte als die, die sie hat. Klar. Wir sind wieder mal schuld. Weil Mama wegen uns die Ausbildung nicht weitermachen konnte. Von mir aus hätte sie uns auch nicht kriegen müssen. Ich könnte gut verzichten. Wenn ich nicht geboren wäre, dann würde ich wenigstens auch nichts mehr merken.

3. Mai

Heute ist es warm. Wie im Sommer. Ich gehe nachher mit Suse ins Freibad. Mal sehen. Der nette Junge war heute wieder im Bus. Einmal hat er zu mir rübergeguckt und gegrinst. Ich habe weggeguckt.

5. Mai

Sven, unser Streber, hat sich in Sport den Arm gebrochen. Ganz verdreht sah der aus. Frau Damm war kreideweiß. Klar, jetzt ist sie dran. Außerdem hat sie Sven fast gezwungen über den Kasten zu springen. Und Mike ist in Englisch rausgeflogen und später spurlos verschwunden. Ist einfach nicht mehr aufgetaucht. Wahrscheinlich ist er mal ein bisschen in die Stadt gegangen. Oder ins Kino. Der Krumbach hat vielleicht rumgebrüllt. Zum Schluss hätte er beinahe geheult.

6. Mai

Ich fasse es nicht. Suse geht mit Andy. Jetzt hat sie nur noch Augen für ihn. Dabei finde ich ihn nicht besonders. Der tut immer so groß. Obwohl er auch nur zwei Klassen weiter ist als wir. Suse hat gesagt, dass er abends so lange weggeht, wie er will, und dass seine Eltern ihm sowieso nichts mehr sagen. Auf der Tür vom Mädchenklo steht in Großbuchstaben: A & S. Drum herum ist ein Riesenherz gemalt. Alles mit Filzstift. Klar, von wem.

9. Mai

Bei Papa war es ganz gut. Obwohl seine neue Freundin auch da war. Wollte mich unbedingt kennen lernen. Ich finde sie blöd. So aufgemotzt. Papa hat mir fünfzig Mark geschenkt. Dafür soll ich mir was kaufen. Mach ich auch. Mama hat kein Wort gesagt, als ich zurückkam. Und sie wollte nichts wissen. Morgen darf ich bei Suse schlafen. Und ihre Eltern sind den ganzen Abend nicht da. Ich weiß schon, was wir dann machen. Tim nervt die ganze Zeit schon. Der hat wahrscheinlich wieder Langeweile. Kommt andauernd an, reißt die Tür auf und rennt wieder weg. Oder er spritzt vorher schnell noch mal mit seiner Wasserpistole in mein Zimmer. Oder mit seinem Scheiß-Maschinengewehr. Ich drehe gleich durch. Und wenn das so weitergeht, bringe ich ihn eines Tages noch um.

10. Mai

Wir haben fast überhaupt nicht geschlafen. In der Schule ist Suse dann auch mal eingenickt. Ich nicht. Obwohl ich ganz schön müde war. Demnächst gehe ich wieder zu Suse. Das Video, das wir geguckt haben, war komisch. Klar, eigentlich ganz gut. Nur, was die gemacht haben, die ganze Knutscherei und so, hätte ich mir gar nicht so vorgestellt. Suse schon. Jedenfalls behauptet sie das. Danach habe ich ganz durcheinander geträumt. Ehrlich gesagt, ist es mir gar nicht so wichtig, ob ich einen Freund habe oder nicht. Im Video hatte der Mann zwei Freundinnen auf einmal. Und mit beiden hat er geknutscht, aber so komisch. Und am nächsten Tag kam noch eine dritte dazu. Vielleicht gehe ich auch nach Australien, sobald ich Geld habe. Zum anderen Ende der Welt, ganz weit, einfach weg.

11. Mai

Suse steht neuerdings immer hinter den Fahrradständern und raucht. Ich habe es auch mal probiert. Mir war ganz schlecht. Andy hat ganz viel Geld, hat Suse gesagt. Ich möchte nur mal wissen, woher. Auf dem Schulhof hat es heute gebrannt. Einer hat einen alten Autoreifen hingelegt. Das hat vielleicht gequalmt. Und gestunken hat es auch. Diesmal haben sie aber rausgekriegt, wer es war. Der fliegt natürlich. Und er konnte nicht mal erklären, warum. Hat es einfach gemacht. Den Reifen angesteckt.

13. Mai

Mama hat gerade mit mir geredet. Wegen Tim. Und weil der neuerdings so komisch ist und immer losheult, wenn er zur Schule muss. Aber was soll ich dazu sagen? Ich weiß doch auch nichts. Gerade läuft mein Lieblingslied im Radio. Und heute war der nette Junge wieder im Bus. Ich dachte schon, der kommt nicht mehr.

14. Mai

Tim hat Mama beklaut. Mama hat ihn überrascht, als er sich Geld aus ihrem Portmonee nehmen wollte. Sie ist stocksauer. Und Tim sitzt da und heult wieder nur. Ich fasse das alles nicht. Mit allem hätte ich gerechnet, nur nicht damit. Mama beklauen! Die hat es doch sowieso schon schwer genug. Aber das sieht Tim wieder mal ähnlich. Der denkt an so was ja nicht. Der denkt wohl nur an seine Süßigkeiten und Ritter. An Mamas Stelle würde ich dem aber mal eine ordentliche Strafe aufbrummen. Zehn Tage nicht mehr vor die Tür gehen und mit niemandem reden. Fernsehverbot für zwei Wochen. Ein paar Tage nichts mehr zu essen und eine gehörige Tracht Prügel. Aber Eltern dürfen Kinder ja nicht schlagen!

15. Mai

Tim weigert sich in die Schule zu gehen. Bitte. Ich zerre ihn jedenfalls nicht hin. Und wenn ich Mama wäre, würde ich ihm auch keine Entschuldigung schreiben. Soll er doch selbst sehen, wie er da rauskommt. Jedenfalls war das ein oberschrecklicher Sonntag heute und ich bin froh, dass morgen wieder Schule ist.

16. Mai

Suse hat Schluss mit Andy. Weil sie ihm zu jung ist, hat er gesagt. Und weil sie nicht alles machen wollte, was er will. Na ja. Suse sah ganz schön verheult aus. Und der blöde Kistermann hatte natürlich nichts Besseres zu tun als sie an die Tafel zu holen. Und als sie es nicht konnte, musste er dann auch noch seinen Senf dazu abgeben. Der macht so was garantiert mit Absicht. Hat seinen Spaß dabei, wenn andere dastehen und nicht weiterwissen. Aber eines Tages bekommt der noch seine Quittung. Eines Tages ist er nämlich mal dran. Und dann guckt der aber. Und jammert und winselt. Tim ist übrigens richtig krank. Hat Fieber gekriegt. Möchte nur wissen, was das alles soll. Aber wenigstens ruhig ist es jetzt mal.

17. Mai

Mama ist heute nicht arbeiten gegangen. Wegen Tim. Als ich krank war, hat sie das nicht gemacht. Dabei hatte ich fast vierzig Fieber. Auf dem Schulhof haben sich heute welche geprügelt, aber wie. Der eine hat dem anderen ins Gesicht getreten und der fiel glatt um und blutete aus der Nase. Manchmal könnte ich heulen. Ich weiß auch nicht, warum.

18. Mai

Der Teufel ist los. Mama hat schon überall angerufen. In der Schule, bei Tims Vater und allen möglichen Eltern. Das ist ja auch die absolute Schweinerei. Und klar, keiner hat was gemerkt. Wie auch? Tim durfte ja nichts sagen, die haben ihm ja mit dem Messer gedroht. Da hat er sich natürlich in die Hose gemacht vor Angst. Und dann kamen sie immer wieder, haben sich Tim geschnappt und gesagt: »Morgen kommst du wieder mit Geld. Wenn nicht, bist du dran! Und wenn du was sagst, auch. Ist das klar?« Da konnte Tim gar nichts machen. Jedenfalls hatte er zu viel Angst. Der Ärmste. Kann einem richtig Leid tun. Aber das können sie: auf Kleine losgehen, die allein viel zu schwach sind. Mama hat geheult wie verrückt. Die, die das gemacht haben, gehen übrigens in unsere Schule.

19. Mai

Ich muss die ganze Zeit daran denken. Es ist eine Schweinerei. Sie haben Tim das Messer direkt vor die Nase gehalten und damit rumgefuchtelt. Mama hat gesagt, dass einer von denen der Sohn vom Biermann ist. Vom Biermann, der ist Erdkundelehrer bei uns. Ich hasse die Schule.

20. Mai

Wir haben mit Frau Schlebusch über alles geredet. Die ganze Klasse. Tim war nicht der Einzige, der bedroht worden ist, das haben sie jetzt rausgekriegt. Alle waren ziemlich geschockt. Nur Lisa und Matze haben gegrinst. Typisch. Und in der nächsten Stunde bei Herrn Kistermann war dann auch alles wieder wie sonst. Tim ist heute zu Hause geblieben. Der hat immer noch Angst.

23. Mai

Gleich fahren wir mit Mama und Tims Vater ins Spaßbad. Das haben wir alle nötig, hat Mama gesagt. Heute ist Pfingsten (gestern auch) und irgendwie hat es ja auch sein Gutes. Tim nervt neuerdings nicht mehr so, der ist irgendwie anders. Mama gefällt das nicht. Ich finde es gut. Tims Vater bringt übrigens Kartoffelsalat mit.

25. Mai

Der Biermann fehlt, wer weiß, wann der wiederkommt. Vielleicht ja überhaupt nicht mehr. Bei dem Sohn, da ist er irgendwie ja auch dran schuld. Hätte er den mal anders erzogen. Suse hat schon wieder einen Freund. Zuerst wollte sie nicht sagen, wer es ist. Dann aber doch. Er heißt Markus und geht in Andys Klasse. Morgen schreiben wir eine Englischarbeit. Ich kann die Vokabeln noch nicht. Heute haben sie Sven die Schultasche geklaut und aus dem Fenster gehängt. Sven hat sie natürlich nicht gefunden. Er hat vor Wut geheult. Aber er hat es verdient.

27. Mai

Ich wusste es. Papa ruft mal wieder nicht an, obwohl er es versprochen hat. Ich habe mir vorgenommen nicht mehr mit ihm zu reden. Auch nicht, wenn er anruft, dann lege ich einfach auf. Ich habe schlechte Laune. Ich glaube, ich guck mal, was im Fernsehen kommt.

30. Mai

Mir fällt irgendwie nichts ein. Es ist total heiß. Den Jungen aus dem Bus finde ich blöd. Der saß gleich hinter mir und hat seinem Nebenmann die ganze Zeit so komische Witze erzählt. Wenn Mama von der Arbeit kommt, gehe ich mit ihr in die Stadt. Kriege neue Sandalen. Tim spielt nebenan mit seinem Freund. Aber wie. Klingt, als würde jemand abgestochen. Ich gehe nicht hin. Bin ja auch kein Kindermädchen. Und wo Tim neuerdings sowieso darauf besteht, dass ich mit ihm zur Schule gehe. Und ihn sonst überall hinbringe, wenn Mama es nicht tut. Jedenfalls hatten wir heute früher Schluss. Es gab nämlich eine Bombendrohung. Da haben sie uns erst mal nach Hause geschickt.

31. Mai

Manche Lehrer schnallen das nie. Die kommen an und denken, wenn sie die Beatles mit uns durchnehmen, hätten sie uns. Und dann reden sie und zerpflücken alles. Das macht doch auch keinen Spaß mehr. Aber die denken wahrscheinlich, lernen darf keinen Spaß machen, bloß nicht. Am besten ist es, wenn man vom Lernen die Krätze kriegt, dann hat man es richtig gemacht. Könnte übrigens gut sein, dass ich die Klasse wiederholen muss.

3. Juni

Ich weiß nicht, was ich machen soll. Suse hat mir was erzählt. Zuerst habe ich ihr nicht geglaubt. Es geht um ihren neuen Freund, aber ich kann es hier nicht reinschreiben. Wenn das jemand liest. Jedenfalls musste ich Suse versprechen niemandem auch nur ein Sterbenswort davon zu erzählen. Mir wird ganz schlecht, wenn ich daran denke. Und ehrlich gesagt, kriege ich langsam Angst um Suse. Wo die noch mal landet. Ob ich es doch sagen soll? Aber wem?

4. Juni

Ich sage es keinem, ich habe es Suse ja auch versprochen. Und vielleicht macht sie es ja auch nicht: mal probieren. Sie weiß ja selbst, wie gefährlich das ist und was dann vielleicht mit ihr passiert. Und wenn sie es trotzdem macht? Am liebsten wäre mir, ich wüsste gar nichts davon. Gar, gar nichts. Es ist alles so schwierig. Und komisch. Das ganze Leben. Und man ist irgendwie allein. Vielleicht gehe ich später wirklich nach Australien, nur weg von hier. Aber was blöd ist, in Australien kriegt man von diesem Ozonloch gleich Hautkrebs. Vielleicht werde ich ja auch Tierärztin. Mal sehen.

Mademoiselle Butterfly

ypisch für Mutter mir diesen Schrott anzudre-
hen . . .!«

Tanja hämmerte mit den Fäusten gegen das Gehäuse des
tragbaren Fernsehers, den ihre Mutter beim letzten Besuch mitgebracht hatte. Kein Bild, kein Ton, ausgerechnet heute, Rauschen und Flimmern. In zehn Minuten
startete eine neue Folge ihrer Lieblingsserie.

Wie in Panik drehte sie die Antenne in alle Richtungen,
bearbeitete die Tastatur und fühlte sich auf einmal ange-
schmiert: von ihrer Mutter, von . . . von allen.

Sie warf sich bäuchlings aufs Bett, weinte Selbstmitleids-
tränen, kuschelte sich in die Decke und fand keine Ruhe.
Auch nach einem halben Jahr hatte sie sich nicht an das
Gefängnisleben gewöhnt. Tagsüber war es auszuhalten.
Die Arbeit an der Nähmaschine machte Spaß. Und wenn

alles klappte, konnte sie demnächst eine Lehre beginnen. Dafür reichte die Zeit im Knast, noch drei Jahre, dann war sie neunzehn und frei . . .

Sie schaltete den Fernseher aus, das Radio an, tanzte mit geschlossenen Augen durch die Zelle: acht Quadratmeter, schleuderte den Kopf nach links und nach rechts, nach vorn und nach hinten, wedelte wild mit den Armen, tanzte sich in die Turnhalle ihrer alten Schule.

»Mist, ich habe meine Sporttasche im Umkleideraum vergessen«, sagt Tanja.

»Na und, die klaut doch niemand«, gibt Sandra zurück.

»In der Tasche ist mein Geldbeutel.«

Sie trennt sich von ihrer Freundin, eilt in die Umkleidekabine. Ihre Gedanken sind bei Ünal, der im Café ROSE auf sie wartet. Ünal ist ihre erste große Liebe, seit einem halben Jahr, ein Türke aus der Parallelklasse.

Die Tasche steht unberührt unter der Bank. Tanja klemmt sie unter den Arm, will gerade die Tür hinter sich zuziehen, als sie in ein schräges Grinsen schaut. Ihr Herz schlägt hart. Schon wieder dieser Typ. Seit Wochen verfolgt er sie mit unflätigen Ausdrücken. Ein paar Mal ist er schon handgreiflich geworden.

»Du musst ihn einfach ignorieren«, hat Tanjas Mutter gemeint. Später hat sie ihr eine Dose Tränengasspray gekauft, für alle Fälle . . .

»Hast du es dir überlegt?«, fragt Olaf.

»Was soll ich mir überlegt haben?«, sagt Tanja mit einem Steingesicht.

Sie hebt den Kopf ein bisschen höher. Der Kerl soll nicht merken, dass sie Angst hat.

Tanja schlug die Stirn gegen die Eisentür. Sie wusste, es würde wieder eine schlaflose Nacht werden, eine der ungezählten. Wachträume, ein Horrorfilm in Schwarzweiß, eine Wiederholung nach der anderen. Sie versuchte sich in ihr Elternhaus zu träumen. Die Butzenscheibenwärme und die jägerzaungeschützte Sicherheit hatte sie stets belächelt. Jetzt sehnte sie sich danach. Sie setzte sich an den Tisch, versuchte einen Brief zu schreiben. An wen? Der Vater lebte getrennt von der Mutter. Sie hatte nur eine verschwommene Erinnerung an ihn. Zweimal im Jahr schickte er einen Scheck, verbunden mit flüchtig hingeschriebenen Geburtstagswünschen oder Weihnachtsgrüßen. Die Karten zerriss sie sofort, das Geld sparte sie für den Führerschein. Vielleicht wusste ihr Vater gar nicht, dass seine Tochter im Knast hockte. Er brauchte es auch nicht zu wissen!
Und Ünal? Vor dem Prozess hatte sie ihn nicht sehen wollen, danach hatte er sich nicht mehr gerührt, kein Brief, keine Besuche. Sie atmete tief ein und aus. Der Film lief weiter.

Tanja hält die Tasche wie einen Schutzschild hoch, schiebt die rechte Hand in die Außentasche, tastet nach der Spraydose. Blitzschnell muss es gehen: rausziehen, abdrücken, direkt in die Augen, losflitzen . . .
»Bin ich vielleicht weniger wert als der Türke«, sagt Olaf.

Sie presst die Lippen zusammen. Olaf greift nach ihrem Handgelenk, sie weicht einen halben Schritt zurück.

»Hab dich nicht so.«

»Verschwinde!«

»So gut wie dein Türke bin ich schon lange«, sagt Olaf. Er behält das schiefe Grinsen, holt eine Packung Zigaretten aus der Hosentasche, bietet ihr eine Zigarette an. Sie schüttelt den Kopf.

Tanja zerknüllt das Briefpapier. Niemand schien ihr wichtig ihre Gedanken zu erfahren. Vielleicht der Schulleiter, dem ihre Mutter von Olaf und seinen Freunden erzählt hatte. »Kindereien«, hatte er geantwortet. Man solle das nicht hochspielen. Gewalt sei an seiner Schule kein Thema.

»Arschloch!«, sagte Tanja.

Sie versuchte noch einmal den Fernseher zum Laufen zu bringen, vergebliche Mühe. Sie hatte keine andere Wahl, morgen musste sie einen Antrag stellen, dass ihre Mutter den Fernseher beim nächsten Besuch mitnehmen und reparieren lassen durfte. Die nächsten Wochen konnte sie nur die Zellenwand anglotzen.

Sie wünschte sich rückwärts leben zu können. Wenigstens bis zum Tag in der Turnhalle.

»Verstehe, du rauchst lieber das Zeug, das dein Türke dir besorgt«, sagt Olaf.

»Blödmann.«

Auf einmal ist die Wut größer als die Angst. Sie will weg, will zu Ünal. »Verschwinde endlich!«, schreit sie.

Olaf lacht. Es scheint ihm zu gefallen, dass er sie wütend gemacht hat. Er verschränkt die Arme, spreizt die Beine. Er ist groß und stark und er zeigt Tanja, dass er groß ist und stark. Alle in der Schule haben Angst vor Olaf und seinen Freunden, die sich auf dem Schulhof mit dem Hitlergruß grüßen.

Tanja umklammert die Spraydose, wird unsicher. Wer weiß, ob das Tränengas bei Olaf wirkt. Die Hand berührt plötzlich den Griff eines Messers. Tanja zuckt zusammen. An das Butterfly-Messer hat sie gar nicht mehr gedacht.

»Das ist besser als Tränengas«, hat Ünal gesagt.

»Ich hab nicht ewig Zeit«, sagt Olaf.

Er fasst sich mit beiden Händen an sein Geschlecht. Tanja umschließt den Griff des Messers. Sie schluckt heftig, atmet durch den Mund. Es wird Zeit, dem Schwein einen Denkzettel zu verpassen, schießt es ihr durch den Kopf. Vor der Turnhalle fahren Mofas vor.

»Meine Freunde wollen auch ihren Spaß haben«, sagt Olaf. Er dreht Tanja den Rücken zu, macht ein paar stolpernde Schritte zur Tür . . .

Tanja fröstelte. Sie kroch unter die Decke, fühlte eine große Leere in sich, keine Schuld. Sie hätte zustechen müssen, als er vor ihr stand. Dann wäre es Notwehr gewesen. Ein Journalist hatte sie Mademoiselle Butterfly genannt. Das gefiel ihr heute noch. Sie grub das Gesicht ins Kopfkissen und wartete auf das Ende der Nacht.

INGE MEYER-DIETRICH

Zwerge heißen nicht Max

Heute war er mit einem guten Gefühl aufgewacht.
Es regnete. Die Tropfen schlugen gegen sein Fenster
und trommelten laut auf das schräge Dach.

Wenn es weiter so regnete, würden sie in der großen
Pause nicht auf den Schulhof müssen.

Gleich in der ersten Stunde gab Frau Stober die Aufsätze
zurück. Er hatte eine Zwei geschrieben. Schon wieder ein
gutes Gefühl. Er sah aus dem Fenster. Es regnete immer
noch. Der Wind zerrte und schubste die Wolken über
den Himmel.

Er schloss die Augen. Hörte Kreide quietschen. Frau
Stober schrieb wieder einmal ihre Endlossätze an die
Tafel.

Max dachte an Kim. Gestern hatte er sie im Supermarkt
im Citycenter gesehen.

»He, Zwerg, was träumst du denn Schönes? Erzähl doch mal!«

Das war Christian. Gleich in Sport würde er wieder irgendeine Show abziehen. Und dann in der Pause? Aber es regnete doch!

Max war nicht schlecht in Sport. Geräteturnen konnte er und Leichtathletik und in Schwimmen war er einer der Besten.

Das half aber nichts, wenn die Mannschaften für Basketball oder Fußball gewählt wurden. Der dicke Ulf und er, der Zwerg, die kamen immer als Letzte dran.

Heute wurden keine Mannschaften gewählt. Heute hatte Max schon wieder Glück. Und sein Felgaufschwung war wirklich gut. Das fand auch Herr Neumann.

Max guckte nicht hin, als Christian an der Sprossenwand seine Mätzchen machte. Er sah zu den hochgelegenen Fenstern der Sporthalle hinauf, sah dicke Tropfen an den Scheiben runterlaufen.

Auf dem Weg aus der Halle in den Umkleideraum war Max einen zu langen Moment mit seinen Gedanken woanders. Und schon knallte er der Länge nach in den Flur.

»He, nicht so schnell!«

Das war Christian, der ihm ein Bein gestellt hatte. »Der Zwerg«, spottete er, »rennt einfach so durch die Gegend! Dem müssen wir erst mal beibringen, wie man richtig läuft.«

Max schluckte. Er rappelte sich hoch. Das linke Knie tat weh. Von gestern noch. Und jetzt erst recht.

»Was ist denn los?«, fragte Herr Neumann. »Wollt ihr vielleicht hier im Flur übernachten? Raus mit euch, es ist keine Regenpause angesagt.«

»Beeil dich bloß, Zwerg«, flüsterte Christian und Benno grinste über sein breites Gesicht. »Wir haben heute noch gar nicht gespielt, wir warten auf dich!«

Max schwitzte. Manchmal vergessen sie es wieder, sagte es in seinem Kopf. Sie interessieren sich plötzlich für ganz was anderes. Vertrödeln die Pause an der Schulbude . . .

Wenn es bloß nicht aufgehört hätte zu regnen!

Sie warteten schon, als er auf den Schulhof kam.

»Komm, Zwerg, wir zeigen dir was!«, rief Christian.

Max sah Frau Stober in der Nähe der Fahrradständer. Sie hatte also Pausenaufsicht. Wenn sie wüsste . . .

»Ein Wort zu der Stober«, zischte Benno, »dann kannst du gleich dein Testament machen, das weißt du doch!«

Der Wind zerrte und schubste die Wolken immer noch wie verrückt über den Himmel.

Dennis war jetzt auch da. Die drei. Immer die drei.

»Komm, Zwerg, ein bisschen Tempo, sonst ist die Pause gleich rum!«

Sie hatten sich wieder den besten Platz ausgesucht. Hinter den Toiletten bekam niemand mit, was passierte.

Und wenn, es war ja nur ein Spiel! Sie spielten Ball, spielten mit ihm, dem Zwerg. Er war ihr Ball. Sie warfen ihn, jagten ihn, zerrten ihn hin und her.

»Jetzt zu mir rüber, los, macht schon!«, rief Benno. Er

stand am Rand einer großen Pfütze. Max wehrte sich. Er hatte doch schon nasse Füße. Dabei wusste er längst, dass es sinnlos war, sich zu wehren. Drei gegen einen!

»Willst dich wohl nicht mehr nass machen, was?« Christian lachte.

Und schon packten sie ihn an Armen und Beinen und ließen ihn über der Pfütze kreisen.

»Tiefer!«, befahl Christian. »Noch tiefer!«

Als sie ihn wieder auf die Beine stellten, fühlte Max kalte Feuchtigkeit auf der Haut.

Christian war schon in der Grundschule dabei gewesen, wenn sie Max gepiesackt hatten, weil er so viel kleiner war als alle anderen und sich nicht wehren konnte. Einmal, auf dem Nachhauseweg von der Schule, hatten sie ihn überfallen, eine ganze Horde. Dreck hatten sie ihm in den Mund gestopft und Gras und Blätter. Max hatte würgen müssen und dabei war es passiert: Er hatte sich in die Hose gemacht.

»Kleines Stinktier, pinkelt noch die Hose nass«, hatte Christian gejohlt und alle hatten um Max herumgestanden, auf seine nasse Hose gezeigt und gelacht.

Eines Tages würde Max sie fertig machen. Eines Tages würde er ihnen alles zurückgeben, jede Gemeinheit, jede Quälerei. Manchmal stellte er sich das Messer vor, mit dem er auf sie losgehen, das Gewehr, mit dem er sie erschießen würde, einen nach dem anderen, gnadenlos.

Später, als sie längst im Klassenzimmer saßen, fing es wieder zu regnen an. Aber das nützte Max nichts mehr.

Seine nassen Füße trockneten nicht bis Schulschluss. Schlimm sahen die Schuhe aus.

Als er nach der sechsten Stunde zum Bus ging, lief ihm Kim auf dem Schulhof über den Weg. Sie guckte nicht auf seine schmutzigen Schuhe. Nicht auf seine feuchten Jeans. Sie sah ihm ins Gesicht und lächelte. Und während der ganzen Heimfahrt im Bus hatte er ihr Gesicht vor Augen. Er versuchte sich vorzustellen, wie Kims Gesicht sich anfühlen mochte, wenn er es streichelte.

Kim streicheln? So ein Unsinn. Nie würde es dazu kommen. Denn selbst die zierliche Kim aus Korea war ein ganzes Stück größer als er. Sie war nur nett, das war alles.

»Musst du denn immer noch solche Kinderspiele spielen?«, fragte seine Mutter. »Du wirst dich erkälten!«

»Tut mir Leid, Mama.«

Sie sah müde aus. Eigentlich war sie immer müde, als wäre das ganze Leben eine viel zu große Anstrengung für sie.

»Geh erst einmal unter die Dusche!«

Im Badezimmerspiegel sah Max sich nackt. Er hasste seinen Körper. Dabei wusste er, dass er nicht hässlich war. Die Proportionen stimmten. Und als er jünger war, hatte er oft gehört, wie hübsch man ihn fand. Die großen Augen. Die Locken. Bloß wuchs Max nicht so wie die anderen.

Und Mama machte sich Sorgen, dass er sich erkälten könnte. Ausgerechnet. Eine Erkältung, was war das schon?

Er konnte zu Hause nicht sagen, was sie mit ihm in der Schule machten. Mama würde noch mehr Angst kriegen. Und sein Vater würde wieder mit seinen schlauen Sprüchen kommen.

Dabei musste es für die Eltern in ihrer Kindheit genauso schlimm gewesen sein, dass sie so auffällig klein waren! Und bestimmt machte es ihnen auch heute noch was aus. Vielleicht hatten sie nicht solche Dinge in der Schule erlebt, wie Max sie immer wieder mit Christian, Benno und Dennis aushalten musste.

Damals in der Grundschule, als sie Max das erste Mal so schlimm überfallen hatten, da war er verheult und dreckig nach Hause gelaufen und hatte erzählt, was passiert war. Seine Mutter war erschrocken und wollte mit der Lehrerin reden. Aber sein Vater hatte gesagt, dass man keine Angst haben darf und lernen muss sich zu wehren. Eltern sollten sich raushalten, wenn Kinder streiten.

»Die Jungens riechen sofort, wenn einer Angst hat. Und du, du bist doch mein Sohn!« Stolz hatte er seine Muskeln spielen lassen, seine gewaltigen Muskeln, die vom Bodybuilding kamen. Max fand das damals schon scheußlich. So wollte er nicht aussehen, jetzt immer noch nicht.

Und seit die Grundschulzeit vorbei war, hatte er den Eltern nie wieder erzählt von dem, was Christian, Benno und Dennis mit ihm machten.

Immerhin hatte er sich letztes Jahr für einen Judokurs angemeldet. Aber noch vor der ersten Übungsstunde

war er davongelaufen, als Benno plötzlich dort aufgetaucht war. Mit Benno im selben Kurs, das war unmög-
lich. Benno hatte ihn zum Glück nicht gesehen.

Und dann das Theater zu Hause, weil die Eltern den
Kurs bezahlen mussten, obwohl Max nicht hingehen
wollte.

»Max«, hatte sein Vater gesagt, »gib dir etwas Mühe,
vergiss nicht, wie du heißt!«

Als ob er das vergessen würde. Es war ein Witz. Seine
Eltern, beide bloß knapp eins fünfzig groß, hatten ihren
einzigen Sohn Maximilian genannt. Maximilian. Der
Größte. Dabei hätten sie doch wissen müssen, dass er
auch nur ein Zwerg werden konnte. Und Zwerge heißen
nicht Max.

»Wahre Größe misst sich nicht in Zentimetern«, sagte
sein Vater immer.

Max konnte damit nichts anfangen. Dass er Maximilian
hieß, machte ihn nur noch lächerlicher, das wusste er.

»Warum stöhnst du denn so?«, fragte Mama, als er mit
ihr am Küchentisch saß. »Iss lieber was. *Ich* habe Grund
zu stöhnen. Jetzt gehst du schon in die siebte Klasse
und kommst so nass und schmutzig nach Hause wie
ein Kindergartenkind. Immer machst du mir Sorgen!«
Ach Mama. Max verschwand in seinem Zimmer. Schloss
die Tür hinter sich zu.

»Warum schließt du dich denn ein?«, rief Mama.

Lass mich in Ruh, dachte Max.

Er versuchte sich Kims Gesicht vorzustellen. Ihre fröhlichen Augen. Die glänzenden schwarzen Haare. Versuchte es immer wieder. Und dann war es plötzlich doch nur das Grinsen von Christian, Benno und Dennis, was er vor sich sah. Oder Mamas müdes Gesicht.

Ein Glück, dass sein Vater immer gleich nach der Arbeit ins Sportzentrum fuhr. Der hätte versucht ihn wegen der nassen Sachen auszufragen. Und was hätte er ihm dann sagen sollen? Dass er bloß ein Zwerg war und noch immer kein Maximilian?

Er suchte in seiner Schreibtischschublade nach dem Messer, das ihm sein Vater geschenkt hatte, in der Grundschule noch, für das Schwimmabzeichen in Gold.

»Ein richtiger Junge braucht ein ordentliches Messer«, hatte sein Vater gesagt. Und er hatte das Messer liebevoll angesehen, nicht Max. Es war nur ein Fahrtenmesser. Max steckte es in seine Jeanstasche.

Der nächste Morgen war trocken. Max trödelte im Bad. Kam spät zum Frühstück in die Küche.

»Hör mal«, begann sein Vater, »deine Mutter hat mir erzählt . . .«

»Ich muss in die Schule«, sagte Max, »der Bus wartet nicht.« Und schon war er im Flur und hörte, nur noch gedämpft, die ärgerlichen Stimmen der Eltern.

Im Bus fuhren auch Schüler vom Südstadtgymnasium mit. Max hatte nach der Grundschule dorthin gewollt, weil niemand aus seiner Klasse ins Südstadtgymnasium ging. Kein Christian, kein Benno.

Sein Vater war dagegen gewesen. »Du musst lernen dich zu behaupten. Weglaufen hilft nicht.«
Aber was hilft denn?, dachte Max.

Die Pfützen auf dem Schulhof waren noch nicht getrocknet. Die würden auch bis zur großen Pause nicht trocknen.
Wie oft hatte Max sich ausgemalt, dass er abhauen würde, einfach weg von hier. Nie mehr diese Schule. Nie mehr die drei. Aber wohin sollte er schon gehen?
Er war manchmal nahe daran gewesen, einfach auszupacken. Vielleicht hätte er dann doch auf eine andere Schule wechseln dürfen? Aber was hätten Christian, Benno und Dennis dann mit ihm gemacht? Totschlagen würden sie ihn wohl nicht, oder? Ein paar Mal schon hatte Max zu Frau Stober gehen wollen. Oder zu Herrn Neumann. Aber er hatte es doch nie geschafft. Wer weiß, ob es an einer anderen Schule wirklich besser wäre?
Und wenn sie ihn wieder vergaßen, Christian, Benno und Dennis, wenn sie Wichtigeres im Kopf hatten als ihn, dann ging es ihm ja oft wochenlang gut. Bis auf die Angst jeden Tag. Die Angst, dass sie wieder anfangen, sich was Neues ausgedacht haben könnten.
Heute war so ein Tag. Keine einzige Bemerkung von Christian. Kein Ballspiel in der Pause. Als ob Max unsichtbar geworden wäre. Er traute dem Frieden nicht, aber sie ließen ihn wirklich in Ruhe.
Und dann sah er auch noch Kim! Sie ging mit den anderen aus der Parallelklasse am Ende der Pause in den

Musiksaal. Max konnte sie deutlich sehen! Nicht von ganz nah. Aber immerhin. Und er konnte sich wieder ihr Lächeln vorstellen. Es war ihm egal, dass sein linkes Knie immer noch wehtat.

Mittags fand er zu Hause einen Zettel: »Bin beim Arzt. Dein Essen steht neben der Mikrowelle. Wärm es dir auf! Mama.«
Immer machte sie sich Sorgen, ob er genug aß, warm genug angezogen war, sich ja nicht erkältete.
Er aß ein paar Bissen kalte Lasagne und merkte, dass er keinen Hunger hatte. Früher hatte er geglaubt, vom regelmäßigen Essen würde er besser wachsen. Und er hatte sich zum Essen gezwungen, auch wenn er keinen Hunger hatte. Die Zeiten waren vorbei.
Als er seine Schulaufgaben fertig hatte, sah Max im Fernsehen MTV. Und plötzlich fiel ihm wieder ein, dass er sich noch Literatur aus der Stadtbücherei holen wollte. Über die Beatles, die waren gerade Thema im Musikunterricht.
Er las bis spät in die Nacht. Seine Mutter kam zweimal und bat ihn endlich das Licht auszumachen. Er brauche seinen Schlaf. Er sei nun mal nicht so robust wie andere.
Ein junger Mann aus Honolulu hatte John Lennon erschossen. Kein persönlicher Feind. Ein Verrückter, hieß es in einem Bericht. Einer, der nicht ertragen konnte, dass er nicht selbst John Lennon war, schrieb jemand anders. Dass man jemand erschießen kann — nicht in Notwehr und ohne dass man ihn hasst?

Morgen im Musikunterricht würden sie vielleicht darüber sprechen. Und Songs von den Beatles hören.

»Bang! Bang! Maxwell's Silver Hammer . . .« Max hörte erstaunt auf den Text. »Bang! Bang!«

Sie gehen aus dem Musiksaal. Das übliche Gedrängel im Flur. Christian versucht Max wie zufällig gegen die Wand zu drücken. Max wehrt sich. Schafft es beinah. Aber da ist auch noch Benno. Max prallt mit dem Kopf gegen die Wand, stößt hart mit dem linken Knie an. Scheißkerle!
Und dann entdeckt er Kim. Sie lächelt nicht. Sie steht vor Christian und Benno und schreit die beiden an, sie sollten sich schämen! Einen viel Kleineren, Schwächeren so fertig zu machen.
Die schämen sich nicht. Die grinsen nur.
Max kann kaum die Tränen zurückhalten. Vor Wut. Vor Scham. Sein Knie tut weh. Seine Nase blutet. Aber das ist ihm gleichgültig. Er kann es nicht ertragen, so ein Schwächling zu sein. Kim will ihn beschützen! Hilflos steht er da. Sucht ein Taschentuch für seine blutende Nase.
»Verpiss dich, Schlitzauge!«, hört er Christian sagen. »Du und der Zwerg, ihr seid ein schönes Pärchen!«
Max findet kein Taschentuch. Er fühlt das Messer in seiner Jeanstasche. Hat es schon in der Hand.
Christian stolpert zurück, schreit.
All das Blut!

»He, Zwerg!« Christian stieß ihn von hinten an. »Bringen dich heute die Beatles zum Träumen?«

Max öffnete die Augen. Drehte sich langsam um. Sah Christian ins Gesicht.

»In der großen Pause«, flüsterte Christian, »denk daran, Zwerg, da ist mal wieder ein Ballspiel fällig.«

»Nein«, sagte Max und ließ Christian nicht aus den Augen, »mit mir nicht mehr!«

Haltestelle

Jetzt haltet doch mal die Klappe!« Johannes schlug so fest mit der Faust auf den Tisch, dass er sich wehtat. Das hatte er nun davon, dass er die Versammlung wieder auf Kurs bringen wollte. »Nun seid doch mal still! Wir wollen doch die Aktion planen und keinen Kaffeeklatsch machen.«

»Höhö!«

»Hey, Joe!«

»Recht hat er!«

»Seid doch mal leiser!«

»Wie so 'n Pauker!«

Alle brüllten durcheinander, feixten, lachten, aber endlich wurde es still.

Johannes sah in sieben erwartungsvoll ihm zugewandte Gesichter. »Tja . . . ähm . . . also, wir haben uns heute

von der SV hier bei Basti getroffen, um zu beraten, wie wir gegen diese Schweinereien vorgehen wollen.« Er räusperte sich. »Also, wenn ihr denkt, dass ich einen fix und fertigen Plan hab, dann habt ihr euch geschnitten.«
»Vielleicht sollten wir erst mal Ekrem und Zeynep fragen, wie ihre Leute darüber denken.«
Ekrem fuhr sich mit den gespreizten fünf Fingern durch seine wilde Lockenmähne wie immer, wenn ihn etwas aufregte. Er sah meistens aus wie ein Mopp, weil ihn viele Dinge aufregten.
»Ja, also, die sind natürlich alle sauer. Wärt ihr auch, wenn man einen von euch zusammengeschlagen hätte.«
Zeynep flüsterte ihm etwas ins Ohr. Ekrems Frisur wurde wieder wild durcheinander gewuschelt.
»Entschuldigung, das mit ›einem von euch‹ ist mir so rausgerutscht. Na ja, also Hüsein hat sich gestern vor der Disko eben böse was eingefangen, deshalb musste er heute im Bett bleiben.«
»Weiß man denn inzwischen, wer das war? Skinheads oder was?«
»Nein, es waren keine Glatzen. Jedenfalls sahen sie soweit alle ganz normal aus. Ich kam ja erst ganz zum Schluss dazu, da waren sie schon am Wegrennen. Aber die anderen sagen: keine Skins.«
»Hat Hüsein eine Ahnung, wieso?«
»Na, wegen seiner Freundin, der geht doch mit Maja aus der 9 b. Sie haben irgendwas gebrüllt, er soll die Finger weglassen und so.«
»Schöne Scheiße.« Michi seufzte. »Und ich hab schon

gedacht, in unserm Stadtteil ist es friedlicher als woanders. Pustekuchen.«

»Na gut, jetzt haben wir halt die gleichen Probleme wie anderswo auch. Vergiss nicht die Schmierereien in der Schule!«

»Nee, aber die sind von Schulfremden. Bollerjahn hat sie wegrennen sehn. Das warn keine von uns, hat er gesagt.«

»Dann kann man es auch glauben. Unser Hausmeister kennt keine Gnade, wenn es um seine Wände geht, der hätte einen von uns gnadenlos verpfiffen.«

Johannes bohrte mit seinem Kuli Löcher in die Luft. »Gut, das sind die Fakten. Aber was machen wir jetzt? Und wollen wir überhaupt was machen?«

Basti zuckte die Achseln. »Vielleicht 'ne Demo?«

Michi schon wieder sehr laut: »Ich sag's euch gleich, ich bin gegen eine Flugblattaktion. Das liest sowieso kein Schwein.«

»Für die ist es ja auch nicht gedacht«, zischte Kerstin giftig. »Aber für Analphabeten ist das natürlich nicht einzusehn.«

»Ruhe, ihr zwei, zankt euch nachher weiter. Wir wollen hier doch konstruktiv denken und planen.« Tobias schloss die Augen. »Weckt mich, wenn es ernsthaft losgeht.«

Zeynep hatte schon ein paar Worte gesagt, bis die anderen merkten, dass sie sprach. Kein Wunder, wenn sie nicht lauter redete. »Wir haben heute im Kunstprojekt darüber diskutiert, was man mit Kultur machen kann. Wir wollten vielleicht mit unsrem Marionettentheater in die Kindergärten.«

»Tolle Idee!« Tobias hatte die Augen wieder aufgerissen.
»Weiß ich nicht.« Michi bohrte im linken Ohr. »Ob das
was bringt?«

Basti lehnte sich weit über den Tisch: »Du Trottel, wie
willst du das denn vorher wissen? Das muss man doch
erst mal ausprobieren. Ich find die Idee nicht schlecht.«

»Jaaa, weil du dann fein raus bist. Du hast doch mit
Kunst nix am Hut. Da lässt der Herr doch wieder die
andern malochen!«

»Ruhe! Aua! Verdammt!« Tobias hatte jetzt auf den
Tisch hauen wollen, aber in der Eile die Kante erwischt.
»Jetzt sollen mal nur noch die reden, die Vorschläge
haben. Die Meckerer kommen dann hinterher zu
Wort.«

»Gute Idee. Ich muss nämlich pünktlich zu Hause sein.«
Johannes schaute die andern der Reihe nach an. »Los,
Vorschläge. Ich schreib freiwillig Protokoll.«

Kerstin lachte. »Das will was heißen. Also: Ich unterstütz
das mit dem Theater. Außerdem bin ich für eine Wand-
zeitung. Zwei Teile: Einmal sammeln wir aktuelle Zei-
tungsartikel. Viele haben ja zu Hause auch noch andere
Zeitungen als den *Kurier*. Dann kriegt man einen besseren Überblick, was in anderen Städten passiert. Und im
anderen Teil sollen alle ihre Meinung äußern können. So
eine Art Diskussionsforum.«

»Wow! Stopp! Stopp! Das geht zu schnell, mir fällt gleich
die Hand ab!« Johannes schrieb, als diktiere ihm der
Heilige Geist. »Sonst kann das später niemand mehr
lesen, ich eingeschlossen.«

Ina mischte sich jetzt zum ersten Mal ein. »Ich besorg dicke Filzer. Die krieg ich billiger.«

»Das geht nicht wegen Öko«, widersprach Michi. »Du, die sind hochgiftig!«

»Depp!« Tobias zeigte ihm einen Vogel. »Das muss man doch sehen können! Wie willst du das mit einem Naturholzgraphitstift denn hinkriegen?«

»Selber Depp! Du weißt ja gar nicht, welche Alternativen es gibt!«

»Ruhe, ihr Streithammel!« Ekrem grinste. »Oder wollen wir uns auch mal kloppen?«

»Untersteht euch!« Ina funkelte ihn an. »Typisch Macker! Los, an die Arbeit!«

Nach weiteren eineinhalb Stunden hatten sie die Schüleraktionen bis ins kleinste Detail geplant und die Aufgaben für die SV-Sprecher und -Sprecherinnen verteilt. Zeynep band sich wieder das große Kopftuch um und zwinkerte Ekrem zu. »Wehe, wenn du mich verpetzt!« Alle in der Gruppe wussten, dass sie das Tuch auf väterlichen Befehl umbinden musste.

Dann ging sie und Johannes als Nächster. Er musste sich beeilen, wenn er noch rechtzeitig zum Abendbrot zu Hause sein wollte. Die eine gemeinsame Mahlzeit jeden Tag war feste Familienregel. »Wenn wir uns schon den Luxus von so vielen Kindern leisten, wollen wir sie wenigstens einmal jeden Tag zusammen sehen«, hatten die Eltern erklärt.

Blöd, dass er den Platten an seinem Rad immer noch

nicht geflickt hatte. Na ja, dafür konnte er im Bus noch mal seine Notizen lesen.

Da war schon die Bushaltestelle. Was für ein Glück, da standen Leute, eine alte Dame und zwei Männer. Also würde bald ein Bus kommen. Er ging zu dem Unterstand bei der Haltestelle, schaute auf dem Fahrplan nach und verglich die Zeit mit seiner Uhr: Ja, richtig, in drei Minuten. Jetzt kam noch ein ganzer Trupp angeschlendert, fünf oder sechs Jungen und junge Männer. Sie redeten laut türkisch miteinander und lachten. Dann löste sich einer von der Gruppe, ein ganz kurzer, höchstens sieben oder acht Jahre. Aber das konnte man bei türkischen Kindern nie so genau sagen, die waren oft schon älter als gleich große deutsche. Eigentlich blöd, immer diese Vergleiche. Aus den Augenwinkeln sah Johannes, wie der Kleine auf ihn zukam und sich schließlich neben ihn stellte. Absichtlich oder unabsichtlich streifte dabei der kleine Ellenbogen seinen Oberschenkel.

Nanu? Wollte der Zwerg was von ihm?

Da, jetzt noch einmal, ganz eindeutig. Der Knirps wollte ihn ärgern. Da hatte er sich aber geschnitten! Johannes ging einfach drei Schritte zur Seite, so, als wollte er noch mal auf den Fahrplan schauen. Doch der Kleine war ihm gefolgt und rammte ihm nun mit Schwung die Faust in die Leistengegend. Fast hätte Johannes gelacht. Was wollte der Winzling denn von ihm? Er schaute hinüber zu der türkischen Gruppe und sah, dass die nicht mehr sprachen, sondern aufmerksam zu ihm hinübersahen. Scheiße! Warum konnten die denn diesen kleinen Wil-

den nicht zurückpfeifen? Da, schon wieder ein Rippen-
stoß und gar nicht von schlechten Eltern.

»Lass das!«, fauchte Johannes den Kleinen an. »Lass
mich in Ruhe!«

Einer der beiden wartenden Männer drehte sich zu ihm
um, musterte kurz den Knirps, dann ihn und wandte
sich dann wieder mit dem Gesicht zur Straße.

Von den türkischen Jugendlichen kamen Rufe in eindeutig warnendem Ton.

»Au!« Der Kleine hatte den Fuß hochgehoben und trat mit
ziemlicher Wucht gegen Johannes' Schienbein. »Du spinnst
wohl? Ich hab dir gesagt, du sollst damit aufhören!«

Der Junge grinste nur und hob wieder das Bein, diesmal
so hoch, als ob er ihn in den Hintern oder zumindest in
den Oberschenkel treten wollte. Was zu viel ist, ist zu viel!
Johannes griff zu, erwischte den Fuß, drehte ihn mit
einem kurzen Ruck um und bums! saß der Giftzwerg auf
der Erde und stieß einen gellenden Schrei aus.

Wie der Blitz kamen seine Begleiter, laut brüllend, ange-
rannt, und bevor er noch zu einer Erklärung ansetzen
konnte, hatte Johannes die Faust des einen im Gesicht,
ein anderer erwischte ihn an der Schulter und noch ein
anderer hatte ihm von hinten mit Macht in die Kniekeh-
len getreten. Mit einem erstickten Schrei fiel er hin und
noch im Fallen hagelte es Hiebe und Schläge. Zuerst
versuchte er noch zurückzuschlagen, doch es waren zu
viele und es schien ihre Wut zu verdoppeln. Schließlich
hielt er die Arme schützend vor dem Gesicht verschränkt, aber trotzdem kriegte sein Schädel noch eini-

ges ab: Einige der Angreifer hatten sich gebückt und droschen los, was das Zeug hielt, andere traten ihm in die Rippen, in den Hintern, in den Rücken und einer stellte sich auf seine Füße.

Grelle Schmerzblitze durchzuckten ihn, die Ohren dröhnten, er krümmte sich und wand sich, doch noch immer ließen sie nicht von ihm ab. Mit einem gequälten Aufschrei wollte er sich aufrichten, doch gegen die Übermacht hatte er keine Chance. Außerdem war prügeln noch nie seine Sache gewesen, er hätte nicht mal gewusst, wie er gegen diese Übermacht hätte angehen können, einer gegen so viele — da half auch der grüne Gürtel vom Judo nicht!

Plötzlich war der Spuk vorbei, seine Peiniger riefen sich kurz etwas zu und rannten davon. Da hörte Johannes auch schon den Bus kommen, der hatte sie offensichtlich in die Flucht geschlagen. Schließlich hatten die Fahrer ja alle einen heißen Draht zu den Bullen und konnten immer Hilfe anmorsen. Durch einen Schleier von Rotz und Tränen und Blut sah Johannes, wie der Bus hielt.

Einer der beiden Männer drehte sich noch einmal um, warf einen kurzen Blick auf ihn, ließ den Blick weiterschweifen, so, als sei er gar nicht da, und stieg ein. Der andere und die alte Dame folgten. Dann schlossen sich die Türen, der Bus rollte davon, auf die Mitte der Fahrbahn. Ihn ließen sie einfach liegen.

Wahrscheinlich hatte der Fahrer ihn gar nicht sehen können. Toter Winkel. Aber dass ihm von den Männern keiner zu Hilfe gekommen war? Dass die sich einfach weggedreht hatten, so, als ob sie das nichts anginge?

Langsam wurde ihm wieder klarer im Kopf, dafür fühlte er aber auch seine malträtierten Rippen umso mehr. Mann, tat das weh! Im Kino sahen diese Typen immer trotzdem noch wie Helden aus, so wie Clint Eastwood in den »Hand voll Dollars«.

Sein Schluchzen hatte aufgehört, langsam bewegte er die Beine und die Arme. So, wie die Schmerzen zu seinem Hirn rasten, schien noch alles an ihm dranzuhängen. Offensichtlich war auch nichts gebrochen, denn er konnte sich aufrichten und schließlich sogar hinstellen. Da überfiel ihn ein Wirbel von Übelkeit und er schaffte es gerade noch hinter das Wartehäuschen — dann reiherte er alles ins Gras, was der Magen hergab. Danach war er zwar noch wackliger auf den Beinen als vorher und er schämte sich, aber der Druck im Kopf war schwächer geworden. Beim Atmen tat ihm der Brustkorb weh, wahrscheinlich hatte er sich eine oder zwei geprellte Rippen eingefangen, das war ihm schon mal beim Fußballtraining passiert. Langsam ging er zurück und ließ sich auf der Bank unter dem Fahrplan nieder. In seinen Hosentaschen suchte er nach einem Taschentuch, doch Fehlanzeige. Aber in seiner Jackentasche war noch das Halstuch, das war ohnehin rot. Damit wischte er vorsichtig unter der Nase entlang und dann über die geplatzte Lippe. Die fühlte sich doppelt so groß an wie sonst. Mist! Das tat vielleicht weh! Er musste husten, dann sammelte er den Speichel und spuckte aus. Er schaute auf die Stelle, wo er zu Boden gegangen war, und sah seine Mappe liegen, aus der ein paar Blatt Papier gerutscht waren. Mühsam stand er auf, taperte dorthin und ließ sich ächzend in die Hocke nieder. Schwerarbeit war das, diese blöde Mappe und die Papiere wieder aufzuheben. Langsam richtete er sich wieder auf, aber ganz gerade ging es noch nicht, zu schmerzhaft, zu anstrengend. Gebeugt schlurfte er zurück zu dem Wartesitz.

»Mama, was hat der Junge da?«, hörte er in der Nähe eine Kinderstimme fragen.

Er drehte den Kopf in die Richtung, aus der die Frage gekommen war, und stöhnte, weil sein Hals ihm die Bewegung offensichtlich übel nahm.

»Der wird wohl zu viel getrunken haben, Nicole. Eine Schande, dass heute schon so junge Typen besoffen öffentlich herumfallen!« Die junge Frau starrte empört zu Johannes hinüber und hielt ihre kleine Tochter fest an der Hand. »Oder Drogen und jetzt kann er sich nicht mehr aufrecht halten.«

Das war zu viel. »Sie blöde Kuh, man hat mich zusammengeschlagen! Von wegen besoffen!«, krächzte Johannes. Doch das Sprechen tat weh, die Zähne fühlten sich so komisch locker an und er merkte selbst, wie undeutlich seine Worte herauskamen.

»Zusammengeschlagen? Dass ich nicht lache! Das soll wohl eine ganz schlaue Ausrede sein, was? Unverschämt! Komm, Nicole, wir gehen eine Haltestelle weiter!« Damit marschierte die Frau auch schon los und zerrte ihr Kind hinter sich her.

Johannes stöhnte. Noch solch eine Krone der Schöpfung und er musste wieder kotzen! Eigentlich wäre doch langsam der nächste Bus fällig. Das Zeitgefühl war ihm zwar verloren gegangen, aber ein Blick auf die Armbanduhr bestätigte seine Vermutung. Kurze Zeit später kam schon der Bus. Mühsam rappelte er sich hoch, ging nach vorn und stieg beim Fahrer ein. Während er in seinem Portmonee nach den richtigen Münzen suchte, warf der Fahrer einen Blick auf ihn und sagte: »Raus, Freundchen, und zwar schnell. Das brauch ich grad noch, dass du hier meinen Bus voll kotzt!« .

Verblüfft starrte Johannes den Mann an und öffnete den Mund. »Nichts da! Deine Saufgeschichten interessieren mich nicht. Raus! Ich hab einen Fahrplan einzuhalten.«

Gedemütigt und verwirrt, stieg Johannes wieder aus, der Bus rollte an, er starrte hinterher. Nun spürte er wieder die Rippen, die Blutergüsse, den schmerzenden Hals und alles andere, was jede Bewegung zur Qual machte.

Er wusste nicht, wie lange der Bus schon davongefahren war und wie lange er schon so wartend am Straßenrand gestanden hatte, als er plötzlich eine Idee hatte.

Taxi! Hier musste es doch irgendwo ein Taxi geben, verdammt noch mal! Immer, wenn man etwas brauchte, dann –

Doch, da kam eins! Und leer! Er hob den Arm hoch und das Wunder geschah, das Taxi hielt an. Der Fahrer beugte sich über den Beifahrersitz, öffnete die Tür und schaute ihn an. »Na, welche Straßenbahn ist denn über dich drübergerollt? Oder hast einen gehoben und nicht vertragen?«

»Neinnein, nichts, ich meine, ich hab nichts gemacht«, die Worte überstürzten sich, er wollte nicht, dass noch jemand ihn für einen Saufbold hielt. »Man hat mich zusammengeschlagen. So ein ganzer Trupp. Aber ich hab null Ahnung, warum. Ich kannte die überhaupt nicht . . .«

Der Taxifahrer stieß die Tür auf: »Na, dann setz dich mal rein, mein Junge.«

Johannes stieg ein und ließ sich mit einem Seufzer, halb aus Erleichterung, halb, weil ihm jetzt noch ganz andere Körperteile wehtaten, auf dem Sitz nieder.

»Wer war das denn? Ich meine, warn das Deutsche oder . . .?«

»Nein, es waren Türken, glaube ich. Jedenfalls haben sie türkisch miteinander gesprochen.«

»Dieses Scheißpack!« Der Fahrer sah nach vorn und schnaufte. »Ich sag's ja immer, die gehören hier nicht her. Die sollen wieder dahin zurück, wo sie hergekommen sind! Wir haben genug mit uns zu tun. Die Kanaken sollen ihre eigenen Leute verprügeln und sich nicht an unsere Jungs ranwagen! Denen müsste mal jemand Respekt einbläuen, aber stattdessen kriegen sie die Sozialhilfe und was weiß ich vorn und hinten reingesteckt!«

»Nein, also so . . .« Johannes war viel zu erledigt, um dieser Tirade etwas entgegensetzen zu können. Nur in seinem Kopf konnte er dagegenhalten. Ich will nicht zu einem Ausländerhasser werden, bloß weil mir das jetzt passiert ist.

Vielleicht müssen junge Türken sich von Deutschen noch viel schlimmere Sachen gefallen lassen als das, was sie mit mir heute gemacht haben, nicht diese Parolen . . . bitte nicht . . . Aber er sprach es nicht aus.

Als sie zu Hause angekommen waren, wollte er bezahlen, doch der Fahrer winkte ab. »Lass man, für einen Landsmann in Not, da tut man schon mal den einen oder andern Gefallen. Lass du dir bloß nix mehr gefallen, hä, hä, Junge, nächstes Mal hauste zurück, ja?«

Damit fuhr er davon.

Ein netter Kerl, aber einer mit Scheißparolen. Johannes war auch ein netter Kerl, nur zur falschen Zeit am falschen Ort. Die Türken waren vielleicht auch nette Kerle, nur hatten sie mal den Drang verspürt zurückzuschlagen und den Falschen erwischt. Jedenfalls, wenn man Johannes fragte.

Wer sollte hier noch den Durchblick behalten?

Wer wusste hier noch, wer Recht hatte? Und wann? Und wie?

Zu Hause hatten sie kaum seinen Schlüssel im Schloss gehört, da kamen auch schon alle angelaufen. Spitze Schreie. »Wie sieht der denn aus?«, Ausrufe, »Na, so was! Das ist ja unglaublich!«, und Fragen über Fragen, »Was ist denn passiert? Mein Gott, wer hat dich denn so zugerichtet?« – alles prallte an ihm ab. Langsam ging er ins Esszimmer und alle setzten sich wieder und schauten ihn erwartungsvoll an.

»Ich war . . . bei der SV-Sitzung und hinterher an der

Haltestelle, da . . .«, und da brach er zusammen, über seinem Teller, schluchzte und schluchzte.

Der Vater ging zu ihm, zog ihn hoch und nahm ihn in den Arm.

»Komm, mein Großer, komm, jetzt bist du bei uns. Heul dich mal ordentlich aus.« Und dann sagte er nichts mehr, sondern hielt ihn ganz lange ganz fest.

Als Johannes sich beruhigt hatte, erzählte er, was geschehen war. »Ich versteh es nicht. Ich versteh es einfach nicht. Warum die mich zusammenschlagen mussten. Was konnten die schon gegen mich haben. Ich kenn die gar nicht. Aber trotzdem - wenn überhaupt, dann kann ich die noch am ehesten verstehen, wenn die so was vielleicht auch schon mal erlebt haben. Aber was am schlimmsten ist, das, weshalb ich immer wieder losheulen könnte, ist, warum haben die Männer mir nicht geholfen? Zwei große starke Männer. Gucken einfach weg. Tun so, als wär da nix. Was sind das bloß für Typen?«

»Scheißkerle«, sagte seine Mutter und der Vater fügte seufzend hinzu: »Sich raushalten geht nicht. Das betrifft uns alle und das trifft uns auch – früher oder später. Jeden und jede.«

»Puh. Das war das Wort zum Sonntag«, sagte Katja. Immerhin war sie zwei Jahre älter als Johannes und fühlte sich schon sehr erwachsen. »Und was machen wir nun, Herr Pastor? Hast du eine Idee?«

»Was wir tun?«, fragte der Vater zurück. »Na, ganz einfach: alles Mögliche.«

ausweg

Wohin soll ich gehen
fragt alifred
halbe türkei
gehe ich zu hans
spricht yusuf nicht mehr
gehe ich zu osman
schweigt wolfgang
die gedanken finden keinen ausweg

wohin soll ich gehen
fragt helgayse
halbes deutschland
gehe ich nach duisburg
scheint die sonne nicht mehr
gehe ich nach antakya
ist die sprache mir fremd
die schritte finden keinen ausweg

Erfahrungen

Nach dem dritten Versuch war die Begrüßungszeremonie halbwegs gelungen. »Gu-ten-Mor-gen-Frau-Kort-mann«, hatte die Klasse im Chor gebrüllt und auf ein Handzeichen der Lehrerin setzten sich alle auf ihre Plätze.

»Das war ja mal wieder ein Akt«, tadelte Frau Kortmann ihre Klasse. »Holt jetzt eure Hefte raus, ich will die Hausaufgaben kontrollieren.«

In diesem Augenblick klopfte es an der Tür. Frau Schmidt, die Schulsekretärin, kam herein, schaute sich um.

Die Klasse wusste, was das zu bedeuten hatte. Frau Schmidt kam nur, um jemand zum Schulleiter zu zitieren, wenn er etwas angestellt hatte, aufgefallen war.

So auch an diesem Tag.

Diesmal blieb ihr Blick an Peter hängen, der noch versuchte hinter dem breiten Rücken von Hannes, der vor ihm saß, auf Tauchstation zu gehen.

»Peter Emmerlich, zur Schulleitung, sofort!« Sprach's, drehte sich um und verschwand wieder.

Einen Augenblick lang herrschte Totenstille.

Einige atmeten erleichtert durch.

Dann setzte ein Murmeln ein, zunächst nur zwischen einigen Schülerinnen und Schülern, in kurzer Zeit beteiligten sich immer mehr daran, bis das Murmeln anwuchs zu lautem Reden, zu Zurufen quer durch die Klasse, die nur noch von einem donnernden »Ruhe«-Ruf von Frau Kortmann unterbunden werden konnten.

Peter rutschte unruhig auf seinem Stuhl hin und her.

»Was hast du jetzt schon wieder angestellt, Peter?« Frau Kortmann war auf ihn zugegangen und schaute ihn fragend an. »Der Tag fängt ja gut an! Also? Was war los?«

Mit roten Wutflecken im Gesicht stand sie neben ihm.

Peter beugte sich nach vorn über den Tisch. Dabei stützte er sich mit beiden Ellenbogen ab, grinste, schaute zu seinen Banknachbarn nach links, nach rechts, dann hoch zu Frau Kortmann.

»Na? Hör auf zu grinsen! Ich warte auf eine Antwort!« Die roten Flecke in Frau Kortmanns Gesicht wurden noch dunkler.

»Och, eigentlich nix«, begann Peter, »nur 'ne kleine Meinungsverschiedenheit . . .«

». . . die du vermutlich mit deinen Fäusten ausgetragen

hast, ich kenne dich doch«, setzte Frau Kortmann unter Peters Protest den Satz fort. »Du führst dich ja prima ein bei dem neuen Rektor. Ich hoffe nur, dass er von Anfang an streng durchgreifen wird, so kann das mit dir nicht weitergehen, ständig bist du in irgendwelche Streitereien und Prügeleien verwickelt. So, und nun los zu Herrn Schneider! Wir unterhalten uns später noch!«

Mit gespielter Lässigkeit stand Peter von seinem Platz auf.

Zuerst zog er seine Jeansjacke glatt.

Dann fuhr er mit den gespreizten Fingern beider Hände durch sein Haar.

Dann schob er den Stuhl an den Tisch.

Dann ging er, in den Knien wippend, zur Tür.

Dann hörte er Zurufe aus der Klasse hinter sich.

»Kopf hoch!«, das war Klaus.

»Augen zu und durch!«, das war Charlie.

»Nur nicht klein beigeben!«, das war Marco.

»Immer cool bleiben!«, das war Conny.

Und zwischendurch die »Ruhe«-Rufe von Frau Kortmann.

Dann war er vor der Tür.

Einen Augenblick blieb er stehen.

Das erste Mal zum Schneider — was würde ihn erwarten?

Plötzlich war er sehr unsicher. Mit ihm hatte er noch keine Erfahrungen.

Bei seinem Vorgänger, Herrn Lenzen, wusste er, was auf ihn zukam. Zu ihm musste er in den letzten Monaten einige Male hin. Es war immer das gleiche Ritual. Zuerst hielt er ihm eine Standpauke, danach drohte er damit, die Eltern zu benachrichtigen, und zur Strafe musste er dann, je nach Vorfall und Laune des Schulleiters, zwei oder drei Hofpausen auf der Bank vor dem Lehrerzimmer verbringen. Mit der Zeit überhörte er die Lehrerkommentare, wenn sie aus den Klassen kamen und ins Lehrerzimmer eilten, um sich bei dem Andrang noch einen Kaffee zu sichern. Es waren immer die gleichen Sprüche. »Ach, du schon wieder«, oder: »Wieder was ausgefressen?«, oder: »Es sind immer dieselben.«

An manchen Tagen empfand er die Strafe als angenehm, dann brauchte er wenigstens nicht bei Wind und Wetter auf den Schulhof.

Und nun? Diesmal würde es bestimmt anders werden.

Plötzlich ging ihm dieses alte Sprichwort durch den Kopf, dass neue Besen angeblich besser kehren. Vor ein paar Wochen hatte er es aufgeschnappt, als er wieder mal auf der Strafbank vor dem Lehrerzimmer saß. Herr Baumann hatte es zu Frau Müller gesagt und ihn und Freddy, der auch seine Strafe absitzen musste, dabei scharf angeschaut.

Und jetzt fiel ihm dieser Satz wieder ein.

Je mehr Gedanken er sich machte, umso unsicherer wurde er.

Was hatte Charlie ihm nachgerufen? »Augen zu und durch!«

Peter gab sich einen Ruck und machte sich auf den Weg. Irgendwie kam er ihm länger vor als sonst.

Die fünfte Stunde hatte bereits begonnen, als Peter in die Klasse zurückkam.

Ohne ein Wort zu sagen, ohne jemanden anzuschauen, setzte er sich auf seinen Platz.

Frau Kortmann sah ihn triumphierend an, dann setzte sie ihren Biologieunterricht fort.

»Was war denn los?« – »Hat er dich kleingekriegt?« – »Wie viele Pausen hat er dir gestrichen?« – »Das hat ja eine Ewigkeit gedauert!« Diese und andere Sätze zischten ihm die Nachbarn von allen Seiten zu.

Aber Peter wollte und konnte jetzt nicht reden, nichts erklären. Jetzt nicht und später, später vielleicht auch nicht. Oder vielleicht doch. Das musste sich zeigen. Jetzt war er noch zu aufgewühlt. Was er brauchte, das war Ruhe. Ruhe, um seine Gedanken zu ordnen, Ruhe zum Überlegen.

Als seine Banknachbarn merkten, dass er nicht reagierte, ihre Fragen nicht beantwortete, kümmerten sie sich nicht weiter um ihn.

Die Biologiestunde und die anschließende Erdkundestunde zogen sich endlos hin. Peter bereute schon, dass er noch mal in die Klasse gegangen war. Am liebsten hätte er sich in irgendeine Ecke auf dem Schulhof zurückgezogen und dort auf das erlösende Klingelzeichen am Ende der sechsten Stunde gewartet. Herr Schneider hatte ihm jedoch ausdrücklich nahe gelegt, noch am Unterricht teilzunehmen.

Nach der letzten Stunde packten alle ihre Sachen zusammen und eilten zum Ausgang. Sonst war Peter immer dabei, auch er konnte nie schnell genug aus der Schule kommen. Und wer dann zu langsam war oder ihm im Weg stand . . . na, er wusste sich Platz zu verschaffen.

An diesem Tag ließ er sich Zeit, ließ die anderen vorrennen. Er wollte jetzt allein sein, allein nach Hause gehen, mit niemandem reden, niemandem etwas erklären.

Deshalb nahm er auch nicht den gewohnten Nachhauseweg, den er sonst ging, zusammen mit einigen aus der Klasse, er entschied sich für einen Umweg und kam so, später als gewöhnlich, zu Hause an.

»Wo warst du so lange?«, empfing ihn die Mutter schon im Flur. »Ich muss jetzt weg, das Essen steht auf dem Herd, du musst es dir noch mal aufwärmen. Mach deine Hausaufgaben und hol den Andi um fünf Uhr im Kindergarten ab, wenn Papa bis dahin noch nicht zurück ist!«

Dann fiel die Tür ins Schloss. Endlich war er allein.

»Den Andi im Kindergarten abholen, wenn Papa noch nicht da ist«, diesen Satz sagte Mutter jeden Tag, bevor sie ging. Und fast an jedem Tag war Papa noch nicht daheim. Und wenn er daheim war, dann schlief er. Schlief seinen Rausch aus. So musste er seinen Bruder jeden Tag vom Kindergarten abholen.

Nun war er mit den Gedanken schon mittendrin. Mittendrin in dem Gespräch mit Herrn Schneider. Doch er wollte jetzt nicht irgendwo in der Mitte anfangen. Er musste noch mal alles überdenken. Von vorn.

Weil er keinen Hunger hatte – er würde jetzt einfach nichts runterkriegen in seinen unruhigen Bauch –, ging

Peter in sein Zimmer und legte sich aufs Bett. Nun hatte er Ruhe, Ruhe, die er sich in den letzten Stunden so herbeigesehnt hatte.

»Wir müssen ernsthaft miteinander reden«, mit diesen Worten hatte Herr Schneider begonnen, als Peter in seinem Büro war und sich ihm gegenüber an den Tisch gesetzt hatte.

Peter sah die Szene genau vor sich und erinnerte sich auch, was Herr Schneider weiter sagte.

»Marc Holland aus der 7 b war heute vor dem Unterricht bei mir«, begann er ganz sachlich. »Du kannst dir sicher denken, warum. Sonst regle ich die Konflikte unter Schülern immer mit beiden Parteien gemeinsam. Diesmal geht es nicht. Marc klagte über starke Schmerzen in Bauch- und Rückengegend und deshalb habe ich Herrn Nolte gebeten mit ihm zum Arzt zu fahren, damit er dort genau untersucht werden kann. Es scheint, so wie ich das einschätze, mehr zu sein als nur ein paar Schürfwunden an Knien und Ellenbogen.«

Peter bekam wieder ein ganz flaues Gefühl in der Magengegend.

Nach dieser Einleitung forderte Herr Schneider Peter auf den Vorfall aus seiner Sicht zu beschreiben.

»Der Marc hat Ihnen doch bestimmt schon alles gesagt, was . . . was soll ich da . . .«, begann Peter.

»Nein, nein, du sollst es aus deiner Sicht beschreiben, darauf muss ich schon bestehen, und zwar ausführlich«, hielt ihm Herr Schneider entgegen.

Peter wusste nicht, wo und wie er anfangen sollte. Es gab

eigentlich gar keinen Grund, Marc die Treppe hinunter-
zustoßen, er hätte an ihm vorbeigehen können. Und die
Tritte in den Bauch . . . mein Gott, wie sollte er die dem
Schneider erklären. Er hatte nie etwas erklären müssen,
früher, beim Lenzen, oder auch bei anderen Lehrern.
Wenn was passiert war, dann war's eben passiert. Es
wurde einem als unmögliches Verhalten vorgeworfen,
und das war's. In schlimmen Fällen wurden die Eltern
noch benachrichtigt. Und nun? Erklären? War das die
Methode vom Schneider einen fertig zu machen?
Peter brachte kein Wort heraus.
»Na gut«, meinte Herr Schneider, »du bekommst gleich
von mir Papier und einen Stift, dann kannst du dich ins
Elternsprechzimmer setzen und alles aufschreiben, wie
es sich aus deiner Sicht zugetragen hat. Nimm dir Zeit
zum Überlegen, ich will alles ganz genau wissen!«
Peter war entsetzt. »Auch noch aufschreiben«, wollte er
protestieren, aber Herr Schneider redete weiter. »Peter,
ich hab mich informiert über dich, ich weiß, dass du in
den letzten Monaten häufig aufgefallen bist mit Schlägereien, Raufereien, in die du verwickelt warst oder die du
verursacht hast. Keine Angst, ich will die alten Geschichten nicht noch einmal aufwärmen, aber irgendeinen
Grund, eine Ursache für dein Verhalten muss es wohl
geben. Niemand kommt als Schläger zur Welt. Zum
Schläger wird man durch viele Einflüsse, zum Beispiel
durch das Elternhaus, durch den Freundeskreis, sicher
auch durch bestimmte Fernsehsendungen, in denen die
Gewalt verherrlicht wird, und viele andere Dinge. Alles

zusammen kann einen beeinflussen in die eine oder andere Richtung. Aber wollen wir von dir reden, Peter. Du warst ja nicht immer ein Schlägertyp, zumindest nicht so, wie du dich in den letzten Monaten hier in der Schule darstellst. Und ich glaube nicht einmal, nach allem, was ich gehört habe, dass du einer bist.«

Bin ich ein Schlägertyp?, überlegte Peter und setzte sich dabei in die Hocke. Was ist das, ein Schlägertyp?

Mit einem Hechtsprung sprang er von seinem Bett. Er baute sich vor dem Wandspiegel auf, indem er sämtliche Körpermuskeln anspannte. Er betrachtete sich von oben bis unten.

Sportlich war er, Geräteturnen war immer seine Stärke gewesen.

Den »Riesen« am Reck, den mochte er besonders. Frei fühlte er sich, wenn er durch die Luft kreiste. Frei und trotzdem mit einem festen Halt.

Aber den »Riesen« hatte er schon lange nicht mehr gemacht. Den Turnverein musste er vergessen. Weil Mutter seit ein paar Monaten arbeitete. Und weil Vater nachmittags nicht zu Hause war, um für Andi zu sorgen. Er kam oft spät nach Hause und dann war er betrunken.

Peter musste dafür sorgen, dass Andi abends etwas zu essen bekam und rechtzeitig ins Bett gebracht wurde. Und da war's aus mit dem Turnverein.

Einmal hatte er versucht mit Vater darüber zu reden. Aber der hatte ihn angebrüllt, er müsse sich 'ne Arbeitsstelle suchen, das sei in der heutigen Zeit gar nicht so einfach und es sei wohl wichtiger, dass er noch mal eine

Arbeitsstelle bekomme, als sein Turnverein. Und als Peter ihm vorhielt, dass er in Kneipen keine Arbeit finde, holte er sich eine schallende Ohrfeige. Peter konnte sich nicht erinnern, wann Vater ihn zuletzt geschlagen hatte. Früher vielleicht mal, als er noch klein war. Mal einen Klaps auf den Hintern. Mehr nicht. Und nun das!

Dem Schneider hatte er davon erzählt. Noch nie hatte er mit jemandem darüber geredet. Mit wem auch? Mit Mutter? Die war abends müde, wenn sie von der Arbeit nach Hause kam.

Mit Conny? Gut, Conny war sein Freund, mit dem hätte er reden können. Aber seitdem Peter weniger Zeit hatte, weil er für den Andi zuständig war, lief diese Freundschaft auch nur noch auf Sparflamme.

Und ausgerechnet Herr Schneider war der Erste, dem er das erzählte, und der saß da und hörte ihm zu. Er hörte ihm einfach zu.

Wie es dazu kam, dass er darüber redete – er wusste es nicht. Es brach einfach aus ihm heraus. In Worten und auch mit ein paar Tränen.

Dann redete Herr Schneider wieder. Er sagte, das erkläre doch schon einiges von seinem, Peters Verhalten. Er solle mal darüber nachdenken, und wenn er wolle, könne er gerne noch mal zu ihm kommen.

»Aber eine Erklärung ist keine Entschuldigung«, fuhr Herr Schneider fort.

Aha, dachte Peter, jetzt kommt das dicke Ende.

Aber dann war das Ende doch nicht so dick. Nur vollkommen ungewohnt.

Peter bekam den Auftrag in den nächsten Vertretungsstunden, die die Klasse habe, gemeinsam mit dem Hausmeister den Aufenthaltsraum für die Fahrschüler neu zu
gestalten. Die Wände seien zu streichen, in einer Ecke
sollten Teppichfliesen verlegt werden und andere Dinge
mehr.

Peter schaute Herrn Schneider mit offenem Mund an.

»Ja, ja, das sollst du tun«, bekräftigte Herr Schneider,
»das scheint mir sinnvoller, als irgendwo die Zeit abzu-
sitzen!«

Unklar blieb für Peter, ob er damit die Lenzen-Bestrafun-
gen meinte oder die Vertretungsstunden.

Ganz unvermittelt, stand Herr Schneider auf und bat
Peter mit ihm zu kommen. Von seinem Schreibtisch
holte er ein Blatt Papier und einen Bleistift, dann ging er
mit Peter ins Elternsprechzimmer.

Peter hatte vergeblich gehofft, Herr Schneider hätte das
vergessen.

»Alles, ganz ausführlich und aus deiner Sicht, so möchte
ich die Beschreibung des Vorfalls haben«, sagte er, bevor
er den Raum verließ.

Was sollte er jetzt schreiben?

Er fand keinen Anfang. Ein riesiges Chaos war in seinem
Kopf. Das Gespräch mit Herrn Schneider, seine Situation
zu Hause, der ganze Ärger, die Szene auf der Treppe mit
Marc, Mensch, dem hatte er doch vor lauter Wut eine
getreten, weil er wusste, was kommen würde, wenn
Marc damit zum Schulleiter ging.

Die Zeit raste dahin. Die vierte Unterrichtsstunde musste schon fast zu Ende sein und sein Blatt war immer noch leer.

Unruhig lief er im Raum hin und her.

Wenn man ihm Kilometergeld gezahlt hätte, er wäre an diesem Morgen reich geworden.

Irgendwie musste er zur Ruhe kommen.

Er setzte sich an den Tisch. Regelrecht zwingen musste er sich dazu.

Seine Finger krampften sich um den Stift.

Die linke Hand lag auf dem Blatt bereit, es jederzeit zu zerknüllen.

Er schloss die Augen, sah so die Szene noch einmal vor sich.

Er schrieb:

Marc ist vor mir hergegangen, langsam.

Ich war schneller.

– Die Wut kroch wieder in ihm hoch. Eine Wut auf Marc und sich selbst. –

Ich habe ihn zur Seite gestoßen, heftig.

Er ist die Treppe hinuntergefallen.

– Fang bloß nicht an zu heulen. –

Als er dalag,

– Peter holte aus –

hab ich ihn getreten.

Vor Wut.

– und mit Wucht traf er das Tischbein. –

Andi fiel ihm ein. »Mensch, Andi, dich hätte ich jetzt beinahe vergessen. Ich hol dich, ich renne schon los . . .«

Am Marterpfahl

Müller	Ruhe, Leute! Ruhe ist angesagt!
Anja	Schwierigkeiten mit den Hörgeräten, Leute? Müller hat Ruhe gesagt!
Müller	Ich sage: Schnauze halten. He, Krüger, du warst wohl lange nicht in Gips verpackt?
Helle	Hört mir zu! Wir müssen was besprechen!
Müller	Wer hat dich denn gefragt, Helle. Du hast große Sendepause.
Anja	Endlich begriffen, was Müller sagt?
Müller	Ich brauche kein verdammtes Echo, Anja.
Helle	Ich wollte doch nur . . .
Katharina	Ich schwitze, ich friere! Tatsächlich, ich spüre mein Herz! Endlich passiert etwas!
Müller	Setzt euch, Männer.

Katharina	Und wir Frauen? Setzen? Mitten auf den dreckigen Schulhof?
Anja	Du kannst ja vorher bohnern. Müller hat Schnauze halten angesagt, liebste Katharina.
Müller	Herr Pohl . . .
Die Klasse	Buh!
Müller	Pohl hat angesagt, ich soll für Ruhe sorgen, solange die Lehrer beim Direktor sind.
Katharina	Was ist eigentlich los da oben?
Helle	Außerordentliche Lehrerversammlung – hab ich gehört.
Müller	Was du schon hörst, Helle. Der Direktor hat alle Eierköppe antanzen lassen.
Helle	Wo liegt denn da der Unterschied, Müller?
Müller	Ende mit der Drängelei. Verdammt. Anja bleibt links neben mir sitzen. Helle macht Platz bei Kurtchen. Katharina wirft sich an meine rechte Seite. Und Sendepause ist angesagt, Helle.
	Solange Herr Pohl . . .
Die Klasse	Buh! Huuu!
Müller	Solange die Eierköppe da oben versammelt sind, ist hier unten Totenstille.
Käti	Also — das halte ich nicht aus.
Anja	Käti, du? Du sagst doch sonst kein Wort.
Käti	Aber heute muss ich sprechen.
Katharina	Das ist der Dreck, der kitzelt. Pfui Kröte,

	diese Ameisen, die einen bekrabbeln. Und meine weißen Jeans . . .
Anja	Jetzt spielt mein Schwesterlein wieder die First Lady aus so einem Schmusefilm für Rentner. Prinzessin Sissi mit dem Kuhblick.
Katharina	Was weißt denn du schon vom Leben, Anja. Du bist eine Stunde und drei Minuten jünger als ich.
Anja	Käti hat Recht. Heut ist alles für den Arsch.
Käti	Ich kann hier nicht herumsitzen, als sei nichts passiert. Herr Pohl . . .
Die Klasse	Buh! Huuu! Buhuuu!
Müller	Schnauze! Ich sag das nicht noch einmal an, Leute. Ich kann euch auch gegen meine Fäuste rennen lassen.
Anja	Ja, Action, Müller. Zeig ihnen, dass du Power hast.
Käti	Ich halte es nicht aus. Es erdrückt mich. Wo das doch mit Willi passiert ist.
Müller	Die Chefs biegen das schon hin, Käti. Darauf wette ich mein Jagdmesser.
Helle	Wenn die da oben reden, müssen wir hier unten nicht still sein. Wo wir doch endlich einmal alle zusammen sind.
Müller	Wir sind immer alle zusammen.
Anja	Sagt Herr Pohl.
Helle	Im Unterricht sitzen wir nebeneinander. Zusammen sind wir nicht.

Katharina	Mir genügt es, wenn ich mit Müller zusammen bin.
Anja	Helle zieht vielleicht Kurtchen vor.
Die Klasse	Kurtchen!
	Einhundertdreiundsechzig Zentimeter groß, was versteckt er denn da in seiner Hos?
	Achtzehn Zentimeter lu-li-lang, da wird's den Schwulis angst und bang!
Müller	Schnau-haha-ze ... Schnauze halten!
Anja	Ist angesagt!
Katharina	Das war ein Schlag, Müller. Du hast Kraft, Mann.
	Und wieder hat es Krüger erwischt.
Käti	Hier, Müller, schlag doch zu! Hau mich doch um! Ich bin nicht mehr still! Schlag mich doch gleich tot!
Müller	Käti – du – also was gibst du denn da für einen Scheiß von dir ...
Käti	Ich will, dass wir jetzt reden. Über das, was mit Willi passiert ist.
Helle	Stimmen wir doch ab. Wer ist dafür?
Anja	Das lässt du zu, Müller?
Die Klasse	Buh! Huuu! Buhuuu!
Müller	Also an den Marterpfahl mit Pohl!
Die Klasse	Buhuuu! An den Marterpfahl mit allen Paukern! Buhuuu!
Kurtchen	Hört doch auf damit. Herr Pohl ist doch nicht hier.
Die Klasse	Buhuuu! Buhuuu!

Katharina	Aber einer muss an den Pfahl! Jetzt wo wir einmal so richtig dabei sind!
Anja	Kurtchen!
Die Klasse	Kurtchen!
	Einhundertdreiundsechzig Zentimeter groß, was versteckt er denn da in seiner Hos?
Kurtchen	Nein! Immer bin ich dran! Der Kleinste! Ich gebe doch zu, dass ich der Schwächste bin! Lasst mich los! Loslassen!
Helle	Sei ein Mann, Kurtchen. Jetzt kannst du es endlich beweisen.
Kurtchen	Loslassen . . . Bitte loslassen . . .
Müller	Habt ihr den Sack auch gut verschnürt? Pohl, mein alter Besserwisser, jetzt haben wir dich kalt erwischt.
Kurtchen	Spinnt ihr denn? Seht doch nur – ich bin nicht Herr Pohl!
Die Klasse	Buhuuu!
Kurtchen	Ich – bin doch – Kurtchen . . .
Die Klasse	Buhuuu!
Käti	Was soll denn das? Seid ihr völlig durchgedreht?
Müller	Du willst doch, dass wir den *Fall Willi* klären.
Käti	Aber so geht das doch nicht . . .
Müller	Jetzt sollst du aber singen, Pohl, alter Knabe.
Katharina	Singen? Was soll er denn singen?
Müller	Na was schon. Dieses verdammte Kinder-

gartenlied, das Pohl uns zwitschern lässt,
wenn wir ihm zu laut sind.

Katharina *Der Gänsedieb.*

Anja Himmel, wie hasse ich ihn dafür.

Müller Singen ist angesagt, Pohl!

Die Klasse Singen! Drei, vier!

Kurtchen *Fuchs – du hast – die Gans – gestohlen ...*

Müller Lauter! Singen!

Kurtchen *... gib sie wieder – her, sonst wird dich der
Jäger – holen mit dem Schießgewehr ...*

Die Klasse Buhuuu!

Müller Singen ist angesagt!

Kurtchen *... Seine große, lange Flinte schießt auf dich
den Schrot, dass dich färbt die rote Tinte, und
dann bist du tot.*

Die Klasse *Liebes Füchslein, lass dir raten, sei doch nur
kein Dieb! Nimm, du brauchst nicht Gänsebra-
ten, mit der Maus vorlieb!*

Buh! Huh! Buhuuu!

Müller Volles Rohr ist angesagt, Männer! Die
Chefs sollen an ihrem verdammten Gänse-
braten ersticken! Nun zeig's dem Eierkopp,
Käti!

Käti Ich verstehe kein Wort, Müller.

Müller Hau Pohl eins drauf. Er ist gefesselt. Jetzt
kannst du ihn platt machen.

Käti Eins draufhauen? Dem Kurtchen?

Müller Dem Pohl, verdammt!

Käti Aber mir geht es um Willi.

Helle	Uns geht es um Pohl. Der Nussknacker hat bald keinen Zahn mehr im Großmaul. Ich habe doch Recht, Müller?
Müller	Ausnahmsweise, Helle.
Helle	Käti. Ich zeig's dir. Ein Steinchen. Und –
Die Klasse	Peng! Genau auf Pohls Glatze!
Kurtchen	Mensch, das tut doch weh. Bindet mich los.
Käti	Der Willi — der hat die Schule nicht anzünden wollen, wie er es dann gesagt hat.
Müller	Nun lasst Müller mal ran.
Anja	Hier sind ein paar wunderschöne Steinchen, Müller. Mit Spucke poliert.
Katharina	Nimm meine Steine, Müller, die sind bunt.
Käti	Warum hätte Willi das auch tun sollen? Willi – er war der Lieblingsschüler von Herrn Pohl.
Die Klasse	Und – peng!
Kurtchen	Au! Seid ihr denn total übergeschnappt!
Anja	Getroffen, Müller, oh, du kannst es.
Katharina	Mitten ins Herz. Mit meinem roten Steinchen.
Käti	Herr Pohl und Willi – sie waren Freunde –, das hat Herr Pohl selbst gesagt. Und wir alle, wir sind — eine Gemeinschaft . . .
Anja	Jetzt will ich mein Glück probieren.
Katharina	Vor dir bin ich dran, kleine Schwester.
Kurtchen	Bitte – aufhören . . .
Käti	Herr Pohl – er hat zu Willi gesagt: Ich bin stolz auf dich. Du hast begriffen, wo es

langgeht. Du wirst einmal ein guter Lehrer. Wir beide, Junge, wir haben es begriffen. Ich sage, Willi hat die Schule nicht absichtlich angezündet. Sagt denn keiner, wie es wirklich war?

Anja Nun wirf endlich, Helle.

Katharina Andere wollen auch noch drankommen.

Helle Zuerst muss ich ein feines Steinchen finden. Eines, das auch zieht. Pohl hat gemeint, wir sollten so was bei ihm gar nicht erst versuchen, er hätte eine harte Birne. An ihm prallt alles ab.

Käti Willi und ich – wir waren verabredet. Hier in der Schule, abends, wenn keiner mehr im Haus ist. Willi hat gesagt – er will es allen zeigen. Es muss endlich etwas passieren, hat er gesagt. Sein Leben wäre ein Stundenplan und andere haben ihn geschrieben. Er kann heute ablesen, was in drei oder zehn Jahren mit ihm sein wird. Nichts anderes, als was schon vor drei oder zehn Jahren war: Dass ihm immer einer sagt, was er zu tun und zu lassen hat. Er will auch mal eine Rakete zu einem anderen Stern steigen lassen, dass es blitzt und kracht, hat Willi gesagt. Im Lehrerzimmer – die Tafel für den Unterrichtsplan –, wir wollten ihn völlig durcheinander bringen. Das ganze Lehrerzimmer

	wollten wir verwüsten. Dass nichts mehr geht. Dass alles noch mal beginnen kann.
Müller	Helle! Beeilung ist angesagt!
Anja	Was sehen meine blauen Augen denn da. Helles Heldenfaust.
Katharina	Der Junge zittert ja.
Die Klasse	Buhuuu!
Helle	Ihr – ihr seht wohl verkehrt herum . . . Ich zittere nicht.
Müller	Vielleicht hast du Rheuma wie meine Großmutter.
Die Klasse	Peng! Der saß!
Kurtchen	Mein Kopf!
Käti	Ich kam von zu Hause nicht rechtzeitig weg. Meine Mutter hatte wieder einen Heulkrampf wegen ihrem Kerl. Und ich musste Händchen halten. Willi war mindestens eine halbe Stunde allein in der Schule. Er wollte ohne mich nichts anfangen. Vielleicht hat er sich gelangweilt. Mensch, was weiß denn ich?
Müller	Such dir einen Stein aus, Anja. Und treffen ist angesagt.
Anja	Worauf du dich verlassen kannst, Müller.
Katharina	Hu, ans Bein. Das war eine Niete, liebste Schwester.
Müller	Katharina ist angesagt.
Anja	Lass mich noch mal werfen, Müller. Bitte . . .

Müller	Katharina.
Katharina	Es ist nur – mein Arm, ausgerechnet der rechte – er ist verstaucht.
Anja	Davon höre ich zum ersten Mal, beste Katharina. Wo du doch sonst jedes Wehwehchen in die Welt plapperst.
Katharina	Ich habe aber Schmerzen.
Anja	Gleich fängt sie an literweise Tränen zu vergießen, Müller. Was wir doch absolut nicht leiden können.
Käti	Menschenskind Willi. Er hat eben ein Streichholz angezündet. Vielleicht wollte er nur eine Zigarette rauchen. Weil im Lehrerzimmer Rauchverbot ist. Willi – er hat gewartet. Auf mich. Ich bin nicht gekommen.
	Vielleicht hat er auch ein Stück Papier abgebrannt. Es liegt ja dort so viel herum.
	Vielleicht hat er aus dem Fenster gesehen. Der Wind hat ins Feuer geblasen. Da ist's eben passiert. Das Lehrerzimmer hat gebrannt.
Anja	Steine, Leute. Steine, so viele ihr haben wollt. Wer hat noch nicht? Wer will noch mal?
Katharina	Müller, sag doch endlich Schluss an.
Käti	Willi. Menschenskind Willi.
	Er selbst hat doch die Feuerwehr alarmiert. Als der Löschtrupp anrückte, war er dabei, das Feuer zu löschen.

	Warum sagt er dann, dass er die Schule ab-brennen wollte? Die Stadt? Das ganze Land?
Müller	Wir alle sind wie Willi. Das hat Pohl gesagt.
Helle	Wir hätten ihn furchtbar enttäuscht. Wie er nun als unser Lehrer dastehen würde.
Müller	Willi hätte ihm gezeigt, wie wir wirklich sind, sagt Pohl.
Helle	Egoistisch. Undankbar. Unberechenbar und – gemeingefährlich.
Müller	Wo er sich doch für uns aufgeopfert hat, hat er gesagt. Damit aus uns was Anständiges wird.
Käti	Warum lassen uns die Lehrer nicht dabei sein, wenn über Willi entschieden wird? Willi ist doch einer von uns. Willi – das sind doch wir.
Anja	Das läuft doch immer so: Wir sollen rech-nen, aber das Ergebnis bestimmen sie.
Helle	Für mich sind sie alle finsteres Mittelalter. Jeder, der sich erwachsen nennt.
Müller	Sie stinken verdammt nach Leiche. Und uns wollen sie auch nicht leben lassen.
Katharina	Ja, sie wollen, dass wir so werden, wie sie es sind. Ihr Ebenbild.
Helle	Verdammt, ich will nicht werden wie mein Alter. Der hechelt wie ein Jagdhund. Im-mer ist er hinter etwas her. Ständig muss was erledigt werden. Der Mann kann sich selbst nicht mehr Guten Tag sagen.

Katharina	Unsere Mutter sagt, wir lernen auch noch uns anzupassen. Sie hat es auch tun müssen. Liebe und so, das wäre alles nur Gerede. Aber irgendwie kommt man dann schon zurecht. Nur nicht so viel über alles nachdenken.
Müller	Mein Alter hat Fäuste wie Vorschlaghämmer und Kraft wie ein Ochse. Seit seine Lady die Kurve gekratzt hat, säuft der Mann. Aus mir will er einen Profi machen. Einen Boxer. Unschlagbar.
Anja	Sie kneten und pressen so lange an dir herum, bis du dich aufgibst. Oder – bis du ausrastest . . .
Käti	Ich denke – Willi hat seinen geliebten Herrn Pohl gehasst. So muss es gewesen sein.

Willi hat seinen geliebten Herrn Pohl gehasst. So muss es gewesen sein.

In letzter Zeit hat Willi nur noch von seinem Lehrer gesprochen. Was der jetzt an seiner Stelle denken würde. Was der jetzt tun würde.

Willi hat sich Zensuren gegeben für alles, was er gesagt und getan hat.

Und dann die Sache mit dem gemeinsamen Wochenende. Willi sollte mit Herrn Pohl mitfahren nach Weimar und Old Goethe und Old Schiller bestaunen. Mit den Fahrrädern wollten sie fahren. Zu einem Lehrertreffen. Jeder Lehrer sollte seinen Lieblingsschüler mitbringen. Da sollte

Willi zeigen, was er draufhat. Was Herr Pohl an Bildung in ihn gesteckt hat. An Lebensart. An Gemeinschaftssinn. An Fleiß und Disziplin.

Die Klasse *Fuchs, du hast die Gans gestohlen, gib sie wieder her, sonst wird dich der Jäger holen mit dem Schießgewehr!*

Müller Feuer!, ist angesagt. Die ganze Truppe: Feuer auf Pohl!

Kurtchen Nein!

Käti Aufhören! Schluss!

Helle Weg da, Käti! Wer bei Pohl steht, den trifft es mit!

Käti Ich – ich bleibe hier stehen. Neben Kurtchen.

Müller Aus der Schusslinie, Käti. Jetzt kommandiert Müller! Und nun verpasse ich dem Alten ein gewaltiges Ding!

Helle Hier, Müller. Das ist ein schöner Stein. Er passt genau in deine Hand.

Müller Mensch, das ist ja ein Felsen. Vorher ist Käti angesagt.

Die Klasse Käti! Käti! Käti!

Käti Ich werfe nicht.

Ich werfe keinen Stein auf Kurtchen. Und nicht auf Herrn Pohl. Auf keinen Menschen.

Müller Du bist angesagt, Käti. Daran ist nichts zu ändern.

Käti	Ich bleibe hier stehen. Neben Kurtchen.
Müller	Dann bin ich wohl dran . . .
Helle	Der Pohl taucht auf, Müller!
Käti	Halte still, Kurtchen. Damit ich die Knoten aufkriege.
Lehrer	Müller.
Müller	Herr Pohl?
Lehrer	Irgendwelche Vorkommnisse?
Müller	Alles einwandfrei.
Lehrer	Kurtchen. Wie siehst du denn aus? Geh dich waschen, Junge.
Helle	Der Krüger hat nur ein bisschen den Ball geköpft. Dabei hat er sich eine Beule geholt. Und es hat etwas Staub aufgewirbelt.
Lehrer	Da wollen wir wieder frisch ans Werk. Wir haben einiges aufzuholen.
Käti	Sie waren zur Lehrerversammlung – Sie sehen so – so erleichtert aus . . . Was passiert mit Willi?
Lehrer	Wenn es so weit ist, sage ich euch, was ihr wissen müsst.
Käti	Ich will es jetzt wissen.
Lehrer	Käti! Du tust mir weh, Menschenskind! Was ist denn in dich gefahren, zum Teufel? Beruhige dich doch.
Käti	Willi?
Lehrer	Damit du Ruhe gibst. Der Junge ist krank. Wenn er wieder gesund ist, wird er in eine andere Schule gehen.

Käti	Der Willi? Krank? In eine andere Schule?
Die Klasse	Buh . . .
Lehrer	Müller.
Müller	Ruhe ist angesagt, Leute!
Anja	Ist das klar, Käti?
Lehrer	Und nun Abmarsch ins Klassenzimmer, Freunde.
Käti	Wir – ich muss mit Ihnen reden, Herr Pohl. Es ist wichtig.
Lehrer	Geredet worden ist genug. Jetzt müssen wir arbeiten.
Müller	Bewegung ist angesagt! Vorwärts, Leute!
Katharina	Bleibt es bei der Klassenfahrt an die Nordsee, Herr Pohl?
Lehrer	Wir werden sehen. Das hängt ganz von euch ab. Wie ihr mitarbeitet.
Helle	Müller, Käti bleibt zurück.
Müller	Dann hilf ihr auf die Beine, verdammt.
Käti	Ich – ich verstehe nicht . . .
	Lasst mich los! Loslassen! Ich muss zu Willi!

Adolf Hirsch, Mensch

Schön, dass du mich besuchst. Ich mache es ja nicht mehr lange. Die Ärzte rücken nicht mit der Sprache heraus, aber das brauchen sie auch nicht, ich weiß Bescheid. Vielleicht werde ich noch Ostern erleben. Das wäre wunderbar. Ostern habe ich immer besonders gemocht.

Du willst mit deinem Großvater über die alten Zeiten reden, das willst du jedes Mal, wenn du kommst. Über die Schule möchtest du sprechen, wie sie früher war, über die Schüler und die Lehrer? Also gut, sonst wirst du keine Ruhe geben.

Manchmal scheint es mir, als sei es im Vergleich zu heute bei uns in der Schule gewalttätiger zugegangen. Nicht nur die Schüler prügelten sich. (Wie oft zerriss ich mir die Hose, holte mir einen blutigen Kopf oder ließ meine

Schulmütze in den Dreck fallen, während wir aufeinander eindroschen!) Nein, auch die Lehrer verprügelten uns, und das nicht zu knapp. Wer keine Angst vor ihnen hatte, war entweder dumm oder musste Eltern haben, die zu ihm standen, was auch geschah. *Ich* hatte solche Eltern nicht, *ich* hatte Angst! Was zwischen uns Schülern geschah, war schlimm genug. Schließlich gab es die Klassenkeile und die demütigende Herrschaft der älteren Kinder über die jüngeren. Doch gegen den Schrecken, den uns die Anstalt »Schule« einjagte, war das gar nichts. Im Schulgebäude konntest du die Angst riechen, furchtbar, nicht wahr?

Eine Geschichte soll ich dir erzählen? Warte – gut, du sollst eine haben. Obwohl ich keine rühmliche Rolle darin spiele, weiß Gott nicht! 1933 kamen die Nazis an die Macht und damit veränderte sich auch der Schulalltag. Die Mehrzahl der Lehrer trug Uniform, wir selber saßen schon bald in der Uniform der Hitlerjugend hinter unseren Pulten. Im Verhältnis zwischen uns und den Lehrern brach etwas auf. Zwar herrschte immer noch die Angst, doch nun waren wir alle gemeinsam Kämpfer für *eine* Sache, gewissermaßen Kollegen.

Einer unserer Mitschüler gehörte nicht zur Gemeinschaft. Er hieß Adolf Hirsch; ein großer blonder Junge, in fast allen Fächern der Beste. Dass er Jude war, wussten wir seit dem allerersten Schultag, aber es hatte uns lange nicht interessiert. Außerdem sah er »arischer« aus als jeder von uns.

Adolf kam ohne Uniform zum Unterricht. Anfangs störte das niemanden. Doch je mehr Schüler in die Hitlerjugend eintraten, desto stärker wurde er zum Außenseiter.

Heute scheint es mir, als hätten wir unsere Wut auf die übermächtigen Lehrer, all unseren Hass auf die Schule gegen diesen Adolf Hirsch gelenkt. Endlich war da einer, der noch weit unter uns stand, den wir beschimpfen, bespucken, quälen konnten, ohne dafür Strafe fürchten zu müssen. Und es gab nicht *einen* Lehrer, der uns davon abgehalten hätte. Es machte uns Spaß, ja mir auch. Die wenigen, die nicht mitmachten, hielten den Mund. Adolf Hirsch, der ehemalige Klassensprecher, stand allein, mehr als das, er war uns ausgeliefert.

Dann kam der Geburtstag des Führers, ein Feiertag, der überall die Menschen auf die Straßen brachte. Schon lange ärgerten wir uns über Adolf Hirschs Vornamen. Ein Jude — und heißt Adolf, ausgerechnet! Nach den Umzügen durch die Stadt, nach den Reden der Parteigrößen kehrte ich mit zwei Freunden zur Schule zurück. Wir stiegen durch ein offenes Kellerfenster ins Gebäude ein und schlichen zum Lehrerzimmer. Die Tür war nicht verschlossen. Gleich neben der Garderobe befand sich das Regal mit den Klassenbüchern. Wir suchten das Buch für unsere Klasse heraus und strichen überall, wo »Adolf Hirsch« stand, den Vornamen durch. Über das Durchgestrichene schrieben wir »Judas«. Judas Hirsch – ja, das gefiel uns viel besser.

Danach gingen wir in unser Klassenzimmer und setzten mit Kreide große Buchstaben an die Tafel: »Heil Hitler,

Judas Hirsch!« Unbehelligt konnten wir das Schulgebäude wieder verlassen.

Am Morgen nach Hitlers Geburtstag waren wir alle gespannt, was geschehen würde. Als letzter von uns Schülern betrat Adolf Hirsch das Klassenzimmer. Ich habe nie vergessen, wie er in der Tür stand und zur Tafel starrte. Sein Gesicht war noch blasser als sonst, sein Mund verwandelte sich in einen scharfen Strich. Schließlich brachte er den Ranzen zu seiner Bank, ging langsam zur Tafel, wischte sorgfältig den »Judas« weg und schrieb »Adolf« hin. Danach kehrte er, ohne jemanden anzusehen, zu seinem Platz zurück.

In das verdutzte Schweigen hinein sprang ich auf, rannte nach vorn, wollte mir den Spaß an unserem Streich nicht verderben lassen – da erschien unser Lehrer und ich machte, dass ich zu meiner Bank kam.

Ich erinnere mich nicht, wie dieser Lehrer hieß und welches Fach er unterrichtete. Ich weiß nur noch, dass er die Uniform der SA trug und als besonders streng galt. Er setzte sich also ans Lehrerpult, öffnete das Klassenbuch und stutzte. Wir saßen mucksmäuschenstill, hielten den Atem an. Dann begann dieser Lehrer zu lachen, lachte, bis ihm die Tränen kamen, lachte, dass wir zuerst nicht verstanden, was er schrie: »Judas Hirsch, das ist gut, Judas Hirsch! Kinder, das ist gut!«

Und wie er immer wieder schrie, fielen wir ein in sein Gelächter, einer nach dem anderen, lachten, weil es so schön war, mit unserem strengen Lehrer über den Judas

Hirsch zu lachen, weil wir uns alle, wirklich *alle* so einig waren. Ja, in diesem Augenblick waren wir eins.

Gibst du mir die Schnabeltasse? Danke. Erzählen macht Durst, ich habe lange nicht so viel erzählt, ich wundere mich selbst. Jedenfalls, während wir noch lachten, der Lehrer und wir, stand Adolf Hirsch auf und ging erneut zur Tafel. Dort nahm er den trockenen Lappen und wischte aus, was geschrieben stand: »Heil Hitler, Adolf Hirsch!« Dabei machte der Lappen dieses schabende Geräusch, das auch bei knisterndem Butterbrotpapier entsteht und dich erschaudern lässt.

Als Adolf Hirsch mit dem Auswischen fertig war, setzte er die Kreide an und schrieb in seiner steilen Schrift: »Adolf Hirsch, Mensch«. Ich konnte die Augen nicht abwenden, saß wie gelähmt. Wahrscheinlich habe ich in jenem Moment nicht viel begriffen, doch gefühlt habe ich dies eine: was es bedeutet, das Wort »Mensch«.

Dann fuhr unser Lehrer auf einmal in die Höhe und schlug Adolf Hirsch ins Gesicht. Dann rannten meine Klassenkameraden nach vorn und prügelten auf Adolf Hirsch ein. Dann ging der Lehrer dazwischen und scheuchte sie auf ihre Plätze zurück.

Adolf Hirsch saß auf dem Boden, den Rücken an den Tafelfuß gelehnt. Seine Unterlippe blutete, die Augen begannen zuzuschwellen, die blonden Haare waren nass von Schweiß. Oder war es Spucke?

Vorsichtig stemmte er sich hoch, schleppte sich zu seiner Bank, holte den Ranzen unter dem Tisch hervor und verließ das Klassenzimmer. Wir haben ihn nie wieder gesehen.

Ich weiß nicht, was aus ihm geworden ist, ob er die Vernichtung der Juden überlebt hat oder ob er in einem der Lager umgekommen ist. Es herauszufinden, dafür ist es jetzt zu spät, wie für vieles, was ich gern noch getan hätte. Ich würde mich gern bei Adolf Hirsch bedanken. Wofür, willst du wissen? Nun, dass er mir gezeigt hat, dass wir Mut brauchen, um Menschen zu sein. Jawohl, mein Lieber, Mut! Adolf Hirsch hatte ihn.

Geht es heute in deiner Schule tatsächlich schlimmer zu als früher? Du wirst es besser wissen als ich. Aber ich denke, dass immer noch überall das eine fehlt, nämlich der Mut im anderen zuallererst den Menschen zu sehen. So, jetzt ist es doch eine Predigt geworden. Wollte ich eigentlich gar nicht. Bis zum Abendessen werde ich noch ein bisschen schlafen. Leb wohl und besuch mich mal wieder. Aber warte nicht zu lange damit . . .

ISOLDE HEYNE

Der Kleine Prinz von Mantes-la-Jolie

Mantes-la-Jolie liegt eine halbe Autostunde westlich von Paris und ist eine Stadt mit allen Problemen, die Satellitenstädte von Ballungszentren an sich haben: Wohnungsnot, Arbeitslosigkeit, hoher Ausländeranteil, Drogen, Gewalt. Die Schule dort trägt den Namen des französischen Schriftstellers Saint-Exupéry.

Dies wusste ich schon vor meiner Lesereise, denn die jüngsten gewalttätigen Ausschreitungen in der Stadt waren wenige Wochen zuvor auch durch deutsche Medien bekannt geworden. Trotzdem machte mich die Atmosphäre dieser Stadt betroffen. Wohnsilos, Punkthochhäuser, deren Türen und Fenster wegen Einsturzgefahr zugenagelt waren, eine riesige Schule aus Beton, kümmerliches Grün, dafür Graffiti überall. Die dürftigen Reste der ursprünglichen Stadt mit der Kirche muteten an wie der rührende Versuch den abweisenden Eindruck dieser Betonlandschaft zu mildern.

Einladend war das alles nicht gerade, eher abweisend, zumal mir die Lehrkräfte noch Einzelheiten erzählten, was die beängstigende Gewaltbereitschaft Jugendlicher betraf. Aber sie zeigten mir auch eine weiß gekalkte Wand, auf die in schwarzer Farbe eine Art Demonstrationszug gesprüht worden war. Die Geschichte dazu war folgende: Die Polizei hatte Jugendliche festgenommen, die sich an Krawallen und Vandalismus beteiligt hatten. Es war eine große Aktion und langwierige Verhöre folgten. Einer der jugendlichen Täter benötigte dringend sein Asthmamedikament, das ihm die Eltern ins Untersuchungsgefängnis brachten. Es wurde ihm nicht ausgehändigt. Der Junge starb bei einem Anfall.

Die Graffitiwand war von den Schülern zur Erinnerung gestaltet worden. Sicherlich auch als Mahnung. Kein einziger Farbtupfer lockerte die Darstellung auf. Zwischen den Betonwänden wirkte sie beklemmend. Und so aussichtslos.

Und doch hatte diese Schule noch ein zweites Gesicht, das sich mir erst in einer Pause zwischen den Lesungen offenbarte. Ein kleines begrüntes Geviert, eine Art Hof innerhalb dieser Betonmauern. Diagonal einander gegenüber standen eine Büste von Antoine de Saint-Exupéry und eine Statue seiner literarischen Figur, des Kleinen Prinzen. Beide nicht gerade groß, und wer wollte, konnte sie auch übersehen. Sicher wurden die beiden meistens auch nicht mehr bewusst wahrgenommen, so wie man sich an einen Tisch gewöhnt oder an einen Schrank, der im Zimmer steht.

Aus irgendeinem Grund war die Schule an diesem kalten Dezembertag nicht geheizt. Ich hatte zwischen meinen Lesungen eine Pause und so stellte ich mich an einer Mauer in die Sonne, um mich etwas aufzuwärmen. Vor mir lag der kleine Rasenplatz mit seinen beiden Figuren. Ich hatte Zeit, auch zum Nachdenken über alles, was mir über die Stadt und die Schule bekannt geworden war. Wie schon so oft dachte ich: Warum bauen sie solche Betonklötze für Kinder? Eine Schule sollte ein zweites Zuhause sein, wo man gern hingeht, sich wohl fühlt, schöne Erinnerungen daran für sein Leben lang behält...

Da sah ich ihn. Er war klein und schmächtig. Die Jeanshose schlotterte um seine Beine, das blonde Haar hing ihm verschwitzt ins Gesicht. Von der Unterlippe lief eine dünne Blutspur, die das Sweatshirt beschmutzte. Das Kerlchen, es war sicher älter, als es wirkte, rührte mich an. Man sah auf den ersten Blick, dass ihn andere zusammengeschlagen hatten.

Ich hielt ihn an der Schulmappe, die er hinter sich herschleifte, fest. »Was ist passiert?«

Er blieb stehen und schaute mich an. In seinen Augen glänzten Tränen, um seinen Mund zuckte noch die Angst. »Sie wollten Madame Dufours Auto umkippen.«

Ich erinnerte mich an das, was ich über Gewalttätigkeiten, auch Lehrkräften gegenüber, gehört hatte. Umgekippte und danach ausgebrannte Autos gehörten dazu.

»Und das wolltest du verhindern?«

Der Kleine nickte. Ich nahm ein Papiertaschentuch und wischte ihm das Blut vom Kinn. »Wer ist Madame Dufour? Deine Lehrerin?«

Wieder nur ein Nicken.

»Du magst sie, nicht wahr? Sonst hättest du dich ja nicht für sie eingesetzt.«

»Sie ist ein guter Mensch«, sagte der Kleine. »Aber das nutzen sie aus. Man muss sie beschützen.«

Ich lächelte sicher ein wenig ungläubig, denn der Junge beteuerte: »Sie ist wirklich gut. Ihr Herz ist gut. Ich kann nicht zulassen, dass sie ihr wehtun.«

»Haben sie denn das Auto umgekippt?«, fragte ich.

»Nein!« Das blasse Gesicht färbte sich ein wenig rosa. »Ich habe mich vorn draufgesetzt und sie mussten mich mit Gewalt runterzerren. Dadurch vergaßen sie, was sie vorhatten.«

Das war mutig. Ob Madame Dufour jemals davon erfahren würde, was ihr Schüler für sie getan hatte? Sie war um ihren Beschützer zu beneiden.

»Wie heißt du?«, fragte ich ihn.

»Antoine. Merci, Madame.« Er drückte das Papiertaschentuch gegen seine blutende Lippe. Dann bückte er sich und nahm die Schultasche vom Boden auf. Ich sah, dass auch seine Hände zerschrammt waren. Er hatte sich wehren müssen.

Ich schaute ihm nach, als er davonging. Die Schultasche

schleifte er wieder auf dem Boden hinter sich her, die Schultern hingen nach vorn. Er wirkte zerbrechlich und traurig.

Was hatte er gesagt? Man muss sie beschützen. Ihr Herz ist gut. Ach, du kleines Kerlchen, dachte ich. Nicht jeder Mensch, der ein gutes Herz hat, kann beschützt werden. Mir fielen Sätze aus Saint-Exupérys Erzählung ein: »Du weißt – meine Blume – ich bin für sie verantwortlich . . . sie ist so schwach . . . Sie hat vier Dornen, die nicht taugen sie gegen die Welt zu schützen . . .«

Es war wohl, weil ich zu lange in die Sonne geschaut hatte, dass Antoines Gesicht verschwamm und mit dem des Kleinen Prinzen von der Statue eins wurde. Ich dachte: Das ist das andere Gesicht dieser Stadt, die voller Gewalt ist. Man muss auch die unsichtbaren Dinge sehen, wie das gute Herz von Madame Dufour, für das der kleine Antoine sich gegen die Großen gestellt hat. Sicher hatte er sehr viel Angst dabei. Und seine Lehrerin wird nie erfahren, wie mutig er war . . .

»Es geht weiter!« Monique, die mich während meines Aufenthalts betreute, holte mich zur nächsten Lesung ab. Ich ging mit ihr triste eintönige Gänge entlang, in denen ich mich bestimmt nach Monaten noch verlaufen würde. Schülerinnen und Schüler kamen uns entgegen, eilig das Klassenzimmer suchend, in dem sie die nächste Unterrichtsstunde hatten. »Gibt es bei Ihnen eine Lehrerin mit dem Namen Dufour?«, fragte ich, noch etwas atemlos vom Treppensteigen. »Sie unterrichtet sicher bei den Kleineren.«

Monique überlegte. »Nein, kenne ich nicht«, sagte sie. »An dieser Schule arbeiten fast zweihundert Lehrkräfte.« Es erübrigte sich, nach einem Schüler zu fragen, der Antoine heißt.

Schade, dachte ich. Vielleicht hatte ich das alles auch nur geträumt, einen Tagtraum in der winterlichen Sonne gehabt. Zwischen Betonmauern und vor einem Rasengeviert, angesichts einer kleinen Statue, die den Kleinen Prinzen darstellt.

Und vielleicht hatte ich mir das alles auch nur gewünscht. Ich werde manchmal gefragt, warum ich Geschichten schreibe und wovon sie erzählen. Ich sage dann: »Meine Geschichten handeln oft von denen, die sich nicht wehren können . . .«

Ich bin mir nicht sicher, ob das noch stimmt. Man kann sich wehren. Aber es gehört viel Mut dazu. Und manchmal nützt auch der nichts. Wehren aber muss man sich.

GUDRUN PAUSEWANG

Ich kann mehr als nur dreinschlagen!

Wenn man einem eine runterhaut, kriegt man von ihm auch eine geklebt. So ist es normal.

Der Berthold aber, der steht nur da und rührt sich nicht. Er schützt sich höchstens mit den Armen. Dabei ist er durchaus kein Schwächling. Wenn er die Kugel stößt, staunt sogar unser Sportlehrer. Er hat einen Brustkasten wie Tarzan. Daran kann's also nicht liegen, dass er sich nicht wehrt. Er würde sicher mit den meisten von uns fertig werden. Solche kleinen Kläffer wie zum Beispiel Max und Wolfgang brächte er mit einem einzigen Kinnhaken auf Abstand.

Er ist auch nicht feige. Kürzlich hat er beim Fußballspielen mal den Ball ins Fenster vom Schulsekretariat geschossen. Wir hätten alle für ihn dichtgehalten. Trotzdem ist er hineingegangen und hat gesagt, dass er's gewesen war.

Er macht's auch nicht aus Angeberei. Nein, der Berthold ist kein Angeber. Er spricht sowieso nie ein Wort zu viel. Als er bei den Bundesjugendspielen die meisten Punkte vom ganzen Jahrgang hatte, haben es die Leute in den Parallelklassen nicht durch ihn, sondern durch uns erfahren. Wenn man ihm gratuliert, grinst er nur und hebt die Schultern.

Er ist auch nicht bei so einer Sekte, die das Soldatsein verbietet. Nein, mit Sekten hat er nichts im Sinn. Das weiß ich, weil ich in der Schule neben ihm sitze. Ja, vielleicht kenne ich ihn ein bisschen besser als die anderen. Ich weiß, dass er einen Dackel mit Namen Suliman hat und gern Kartoffelsalat isst und nicht gern Klavier übt und Senkfüße hat. Ich weiß auch, dass er ziemlich faul ist. Er schreibt fast täglich die Hausaufgaben von mir ab. Und er ist sehr vergesslich.

Er ist wie alle. Nur in dem einen Punkt unterscheidet er sich von den anderen: Dass er sich nie prügelt. Auch nicht, wenn er angegriffen wird.

Aber wie kann man jemandem die Faust gegen die Rippen donnern, der nicht die Absicht hat zurückzuschlagen? Da kannst du genauso gut gegen einen Kartoffelsack boxen. Der Emmo hat dem Berthold mal eine gelangt, eine kräftige, dass es nur so geklatscht hat. Weil er ärgerlich über ihn war: Der Berthold hatte sich von ihm das Matheheft ausgeborgt, um die Aufgaben abzuschreiben. Emmo ist nämlich in Mathe der Beste. Manchmal bleibt mir auch nichts anderes übrig als von ihm abzuschreiben. Berthold hatte ihm versprochen das Heft gleich wieder mitzubringen. Aber am nächsten Tag, als der Mathelehrer die Hefte einsammelte, bekam Emmo Schwierigkeiten: Das Heft war nicht da! Berthold hatte es daheim vergessen.

Berthold nahm zwar vor dem Lehrer sofort alle Schuld auf sich, aber Emmo ist einer, der alles sehr genau nimmt. Ihn machte es rasend, dass das Heft nicht da war. Deshalb klebte er Berthold eine.

Aber Berthold schlug nicht zurück. Er stand ganz ruhig da und sah Emmo ins Gesicht. Da wurde Emmo rot und entschuldigte sich. Hinterher erzählte mir Emmo, er habe sich über sich selbst gewundert. Bei so was entschuldige er sich nie. Aber in diesem Augenblick sei ihm nichts anderes eingefallen.

Ich konnte ihn gut verstehen, den Emmo. Wenn man auf einen einschlägt und der wehrt sich nicht, fühlt man sich im Unrecht. Es ist scheußlich, sich im Unrecht zu fühlen. Man wird dann so unsicher. Lieber verkneif ich's mir, Berthold eine zu scheuern. Also muss ich mich mit ihm irgendwie vertragen, muss mit ihm im Guten auskommen, muss mit ihm Kompromisse schließen. Das ist mühsam. Kürzlich hat er auch ein Heft von mir daheim vergessen. Natürlich nicht mit Absicht. Aber ich kam dadurch doch ins Schwitzen. Das tat ihm Leid. Ziemlich zerknirscht hat er sich bei mir entschuldigt. Ich hab sehr an mich halten müssen. Am Nachmittag hat er mir einen ganzen Korb voll Mirabellen gebracht. Er hat nämlich daheim einen großen Obstgarten.

Ich hab den Berthold mal gefragt, warum er sich nicht prügelt und nicht wenigstens zurückschlägt, wenn ihn einer haut. Darauf hat er nur geantwortet: »Ich bin doch kein Neandertaler.«

Ein Neandertaler will ich auch nicht sein. Ich kann mehr als nur draufhauen. Bei der nächsten Gelegenheit will ich auch mal probieren nicht zurückzuschlagen. Muss ein merkwürdiges Gefühl sein. Aber was der Berthold kann, müsste ich eigentlich auch können. Na, die werden staunen!

Allerdings bin ich nur eine halbe Portion, verglichen mit Berthold. Vielleicht lade ich deshalb gerade dazu ein, dass sie mich verdreschen, wenn ich mich nicht wehre. Ich glaube, ich muss mich erst mal voll Mut pumpen. Denn Angst darf ich dabei nicht haben!

Unerlaubter Weitschuss

Sie sind da. Pille kann das sehen. Was draußen ist, sieht er sowieso besser als das, was hier drin geschieht. Auch wenn die Rollläden fast ganz heruntergelassen sind. Alles nur wegen dieser öden Dias. Wen juckt's, was vor mehr als fünfzig Jahren in einem Hinterhaus in der Prinsengracht in Amsterdam abgegangen ist, wenn draußen ein Auto vorfährt. Lass ihn die Dias zeigen; lass ihn reden, den Grönaz.

Grönaz heißt nicht Grönaz. Grönaz heißt Huber. Herr Huber. Aber wenn einer es nicht schafft, auszurasten und mit der Faust auf den Tisch zu schlagen, um sich durchzusetzen, braucht er sich nicht wundern.

Grönaz: Deutsch und Geschichte. Heute Deutsch.

In einer Geschichtestunde hatte er seinen Namen abgekriegt. Vom Führer hatte Huber gesprochen und etwas von Größenwahn gesagt. Von menschenverachtender Selbstherrlichkeit. Dann hatte er erzählt, dass einer den Führer als Gröfaz bezeichnet hätte, weil er sich selbst als größten Feldherrn aller Zeiten sah. Der hat wenigstens Mumm in den Knochen gehabt, hatte Ralph laut in den Saal hineingerufen. Und weil der Huber nicht reagiert hatte, hatte Ralph noch einen draufgesetzt: Nicht wie der Huber. Die größte Niete aller Zeiten!

Alle hatten gelacht. Und Herr Huber war nicht mehr der Huber gewesen. Der Huber war nur noch der Grönaz gewesen.

Da vorne steht der Grönaz und draußen ist der Parkplatz. Der Parkplatz ist wichtiger. Der Parkplatz ist nämlich anders als sonst. Da ist ein Auto, das da nicht hingehört. Grönaz' Gesicht aber wird sein wie immer, etwas verschwitzt und traurig, weil er merkt, dass wieder kaum einer zuhört.

Draußen ist ein Auto auf den Parkplatz gerollt und der Grönaz redet und redet. Erzählt von seinem Besuch im Hinterhaus, das jetzt ein Museum ist. Oder so was Ähnliches. Dass ihm die Luft weggeblieben ist in den engen Zimmern. Dass er die Angst gespürt hat, die ihm die Kehle zuzuschnüren drohte, auch jetzt noch, wenn er sich vorstellt, versteckt in dieser ungemütlichen Kammer, auf die Schritte vor der getarnten Tür zu lauschen, die ihn entdecken könnten.

Das mit der zugeschnürten Kehle kann Pille verstehen. Kriegt ja auch keine Luft mehr. Wenn er da rausguckt. Sie sind einfach da. Nicht wie im Fernsehen. Keine quietschenden Reifen. Kein hektisches Türenaufreißen. Keine Pistolen im Anschlag. Noch nicht einmal eine Uniform. Einfach so sind sie da. Sie sind da, auf dem Parkplatz, wie die Lehrer da sind, wenn sie etwas zu spät kommen. Das sind aber keine Lehrer. Dafür sind sie zu jung und junge Lehrer gibt es schon lange nicht mehr.

Außerdem sind sie zu zweit. Die Lehrer kommen immer allein an und schließen etwas hastig die Autotür ab, gucken gehetzt zum Gebäude hin, um zu sehen, ob der Boss hinter der Scheibe steht. Die hier lassen sich Zeit. Viel Zeit. Gucken jetzt erst herüber. Pille zuckt zurück, sinkt noch tiefer in den Stuhl. Ist noch kleiner und runder als sonst. Schwitzt. Und friert.

Könnt ihr euch vorstellen, wie das ist, sagt Grönaz, zu wissen, dass man nicht krank werden darf, weil ja kein Arzt geholt werden kann, ohne Gefahr zu laufen das Versteck zu gefährden?

Pille wäre jetzt gerne krank. Nicht so richtig. Aber eine Grippe wäre schon ganz gut. Im Bett liegen, ein Tuch um den Hals und die Mutter kommt herein mit einer Tasse in der Hand. Es riecht nach Zitronen. Die Mutter legt ihm die Hand auf die Stirn und sagt nach einer Weile: Du hast Fieber, Edgar, aber das geht bald vorbei, alles wird wieder gut.

Die Mutter streicht ihm übers verschwitzte Haar.

Trink deinen Tee, solange er heiß ist!

Und dann einschlafen. Mit dem heißen Tee im Bauch. Und mit der Hand der Mutter auf der Stirn.

So war es nie gewesen. Sosehr er es sich auch gewünscht

hat. Nicht das mit dem Tee. Das schon. Aber das andere. Das mit der Hand. So richtig Zeit hat sie nie gehabt.

Der Vater wankt ins Zimmer und die Mutter verschwindet, als ob sie seiner Wut aus dem Weg gehen will.

Was ziehst du hier wieder für 'ne Nummer ab, zischt er unverständlich, als hätte er Schwierigkeiten beim Sprechen. Mit glasigen Augen kommt er auf das Bett zu, zerrt Edgar unter der Decke hervor, schüttelt ihn.

Du bist und bleibst ein Versager! Willst dich wieder nur vor irgendeiner Kontrollarbeit drücken, du Schwachkopp!

Klassenarbeit, das heißt Klassenarbeit, sagt Pille. Hat er eigentlich gar nicht sagen wollen, ist ihm nur so rausgerutscht. So automatisch eben.

Verdammter Klugscheißer, brüllt der Vater.

Dann schlägt er zu. Schwer keuchend. Schwitzend. Blind. Wie auf einen Sack schlägt er ein. Und als würden ihn die schützenden Arme Edgars noch wütender machen, schlägt er noch kräftiger zu, bis er außer Atem ist, um dann fluchend aus dem Zimmer zu taumeln. Obwohl er weg ist, ist er immer noch da. Auf der brennenden, schmerzenden Haut. In der Luft, die säuerlich riecht wie abgestandenes Bier.

Als Pille zum ersten Mal mit blauen Flecken im Gesicht zur Schule gekommen war, hatte Ralph gegrölt: Boah ey, kuck ma da, unser Pille is unter die Taucher gegangen! Hat sich ja 'ne affengeile Brille zugelegt.

In die Rippen hatte Ralph ihn geknufft, genau dahin, wo es so wehtat. Aber Pille hatte keine Miene verzogen.

Eishockey, hatte er nur ganz gelassen gesagt.

Wie er auf die Idee mit dem Eishockey gekommen war, weiß er heute noch nicht. Vielleicht, weil da grade so 'n Spiel im Fernseher gelaufen war. Das hatte er hören können, weil seine Mutter die Tür offen gelassen hatte, als sie mit dem Tee kam. In der Drittelpause hat dann sein Vater im Zimmer gestanden.

Wie Eishockey?, hatte Ralph gefragt.

Da hatte Pille das Lineal unter der Tafel hervorlugen sehen, hatte es aus der Halterung genommen und sich breitbeinig in Position gestellt. Na, Eishockey eben, beim Training, gestern, Bandencheck und hoher Stock. Abgerafft?

Bandencheck?

Noch nie was von Bandencheck gehört? Eishockey is halt nur was für harte Typen! Rrrumms! Ihr müsstet mal sehen, wie der andere jetzt aussieht.

Sogar Ralph hatte es für einen Moment die Sprache verschlagen. Irgendwie hatte das gesessen, das hatte Pille gespürt.

Als Ralph sich gefangen und angesetzt hatte ihn wieder in die Rippen zu boxen, da hatte Pille das Lineal angehoben und gezischt: Lass das!

Doch so schnell hatte Ralph nicht aufgeben wollen.

Hey, Klops, wo willst'n du Eishockey gelernt haben?, hatte er dreckig grinsend gesagt.

Paps.

Wie Paps?

Von Paps eben!

Von deinem Alten? Der ist doch, hat mir doch mein Alter verklickert, der is doch arbeitslos.

Na und? Hat genug Geld sich zur Ruhe zu setzen. War nämlich ein berühmter Eishockeytrainer.

Dein Alter?

Noch nie was gehört von ihm, du Schlaumeier? Drüben, in der DDR, bevor die Mauer weg war, da hat er die Dynamo trainiert.

Eishockey. Damit hat es angefangen. Und jetzt sind sie da. Draußen. Kommen an den Hecken vorbei. Und der Grönaz merkt nicht, was da vor sich geht. Brummelt was vor sich hin, weil das nächste Dia klemmt. Sieht nichts, hört nichts. Jetzt abhauen. Aufstehen und rausgehen, als müsste man dringend. Doch wie aus dem Gebäude kommen? Gibt ja nur diesen einen Ausgang. Und da kommen die jetzt rein. Zu zweit. So wie die aussehen, können sie zupacken. Die stellen sich bestimmt nicht so an wie der Grönaz. Wie der mit seinem Projektor kämpft. Hilflos wie 'n Eishockeyspieler ohne Schläger macht er rum. So 'n Schläger, das wär's jetzt. Mit 'ner Papierkugel durch die Halle schlittern, auf den Ausgang zu, kurze Körpertäuschung, an den beiden vorbei. Die würden womöglich noch Platz machen. Sieht ja auch so professionell aus, so 'n Schläger. Wer käme da auf andere Gedanken.

Nur, einen Eishockeyschläger hat er nicht. Hat er nicht mehr. Hoher Stock und wieder mal kein Schiedsrichter in der Nähe. Ist kaputt. Zertrümmert. Tut plötzlich wieder weh, sein Rücken, wenn er daran denkt.

Eine Woche lang war's gut gegangen. Jeden Tag war er mit seinem Eishockeyschläger zur Schule gekommen und alle hatten Augen gemacht und in der Pause das Ding mal kurz haben wollen, um eine Coladose über den Hof zu jagen. Die blauen Flecken hatte er gar nicht mehr zu verbergen brauchen. Ein Sport für harte Typen halt.

Doch dann war es rausgekommen.

In der Küche streiten sie sich. Das kann Pille hören. Ist laut genug. Ganz still sitzt er in seinem Zimmer. Ohne Licht. Obwohl ihn die Dunkelheit verrückt macht. Noch nicht einmal einschlafen kann er abends ohne Licht. Das Radio hat er auch abgestellt. Wenn sie ihn nicht hören, werden sie ihn vergessen und keiner wird kommen und ihn fragen, wie die Klassenarbeit ausgefallen ist. Nach einem Streit fällt das immer noch schlimmer aus als sonst.

Wenigstens das Geschirr hättest du spülen können, sagt die Mutter. Ihre Stimme klingt so, als würde sie gleich losheulen.

Jetzt geht *das* wieder los, schreit der Vater.

Zehn Stunden sitze ich an dieser blöden Kasse und tippe mir die Finger wund, sagt die Mutter.

Ich bin nicht freiwillig zu Hause, schreit der Vater.

Das weiß ich, sagt die Mutter traurig, aber wenn du schon mal da bist, könntest du ja wenigstens das bisschen Geschirr . . .

Wie tief soll ich noch sinken. Ich bin nicht so alt geworden, um mir jetzt 'ne Schürze umbinden zu lassen, schreit der Vater. Seine Stimme überschlägt sich. Lass mich bloß mit diesem Weiberkram in Ruhe!

Eine Faust kracht auf den Tisch; eine Flasche stürzt um, rollt, stürzt zu Boden und zerschellt.

Die Mutter kann nicht mehr an sich halten, heult nun laut los.

Genau, schluchzt sie, saufen, das ist Männerkram.

Jetzt dreht sie voll ab! Werd ja noch 'n Bier in diesem Haus trinken dürfen. Oder soll ich *dein* Geld lieber in die Kneipe tragen?!

Es ist bestimmt die Mutter, die jetzt die Scherben zusammenkehrt und sie in den Mülleimer kippt. Sie schnäuzt sich und sagt dann ganz ruhig: *Unser* Geld. Deshalb solltest du auch verantwortlicher mit umgehn.

Pille hat das Gefühl, dass ihm plötzlich jemand die Beine weggeschlagen hat. Noch schwebt er, aber gleich wird er hart auf dem Eis aufschlagen und er weiß, dass es arg wehtun wird.

Lieber Gott, mach, dass sie das Wort nicht sagt!

Aber sie sagt es. Zuckerdose, sagt sie. Und dass es mittlerweile wohl etwas viel wäre, was fehle, wofür auch immer.

Sie hat's tatsächlich gesagt. Gleich wird der Vater in der Tür stehen. Dass bereits die Tagesschau-Melodie aus dem Wohnzimmer zu hören ist, wird diesmal auch nichts retten. Dabei war das noch nicht einmal geplant gewesen. Das mit der Zuckerdose und dem Geld.

An irgendeinem Nachmittag war er in die Küche gekommen, Teufel weiß, warum, während sein Vater gerade im Begriff war die alte Zuckerdose ins obere Regal zu stellen. Wie ertappt hatte er reagiert und schnell den Zwanziger auf dem Tisch mit der Zeitung zugedeckt. Als Pille ein paar Tage später nachgesehen hatte, was die Zuckerdose so heimlich machte, war ihm die Idee gekommen. Nicht auf einmal, nein, das hatte er sich nicht getraut, aber immer mal einen Zehner und gelegentlich einen Zwanziger. Bis es gereicht hatte. Für den gebrauchten Hockeyschläger.

Der Grönaz hat es geschafft. Von der Wand herunter lächelt ein Mädchen.

Das ist Anne, sagt der Grönaz.

Sie sieht anders aus als die Mädchen in der Klasse. Sie hat auch keine Zahnspange, obwohl sie, wenn sie in dieser Klasse wäre, bestimmt eine tragen würde. Der rechte Schneidezahn ist nämlich etwas breiter und guckt ein bisschen vor. Aber das ist nicht schlimm, im Gegenteil. Das macht das Lächeln so, ja, irgendwie. Sieht so lebendig aus. Die Augen sind dunkel. Sie versuchen auch zu lachen, aber so recht will's nicht gelingen.

Da ist etwas drin, was wie Angst aussieht. Wenn jetzt das Licht angeht und die in der Tür stehen, ob man dann auch in seinen Augen sehen kann, was los ist?

Plötzlich steht der Grönaz vor ihm, sagt: Ist dir nicht gut, Edgar?

Doch doch, sagt Pille etwas verdattert und rutscht dabei auf dem Stuhl hin und her.

Wenn du mal kurz rauswillst, kannst du das gerne tun, sagt Grönaz im Weggehen.

Das wäre eine Gelegenheit. Doch Pille fühlt seine Beine nicht mehr. Das Schweben will überhaupt nicht mehr aufhören.

Warum das diesmal so lange dauert, bis er aufschlägt! Warum die Tür nicht aufgeht!

Vielleicht lassen sie ihn ja auch nur herausrufen. Das wäre das Beste. Nur nicht vor allen in der Klasse!

Wahrscheinlich sind sie jetzt beim Schulleiter und erfahren auch noch das, was sie noch nicht wussten. Was können sie denn wissen?

Das mit der Büste bestimmt nicht. Das weiß sowieso keiner. Da war niemand in der Nähe gewesen. Das hatte er gesehen. Der Grönaz hatte da auch nichts mitgekriegt. Der hatte nur etwas fahrig erklärt, warum er denen, die die Hausaufgaben nicht gemacht hätten, eine Sechs geben muss, und nur abwesend genickt, als Pille ihn gebeten hatte aufs Klo zu dürfen. Und dann war er an der Büste vorbeigekommen. Die war zwar nicht schuld gewesen, dass er wieder 'ne Sechs gebaut hatte, aber irgendwie doch. Die hatte immer schon da rumgestanden, so 'n Mädchenkopp, mit 'ner Texttafel, die ihn nie interessiert hatte. Bis dann der Grönaz aufschreiben ließ, was man denn so zu Anne Frank weiß.

Nach dem Unterricht hatte er vergessen auf die Tafel zu gucken und zu Hause gab's weder 'ne Büste noch 'ne Texttafel. Ein Buch, in dem man etwas über diese Anne hätte nachlesen können, auch nicht. Und in seinem Eishockeybuch musste er erst gar nicht nachsehen. Was da drinstand, konnte er ja schon auswendig. Dann hatten sie sich wieder ganz toll gestritten, so laut, dass er nicht einschlafen konnte. Natürlich war er etwas zu spät dran gewesen am Morgen, um noch mal was von der Tafel auf dem Sockel der Büste abschreiben zu können. Außerdem hatte er sowieso nicht mehr daran gedacht. Diese bescheuerte Büste. Nur er und sie. Ganz allein. Na ja, und im Vorbeigehen war's dann passiert. Wo hätte er auch hin sollen mit dem Tiger im Bauch? Es hatte ganz schön gescheppert. Aber dass er das war, hatte keiner mitgekriegt.

Und doch sind sie da. Irgendwo da draußen vor der Tür sind sie. Und sie haben nicht so ausgesehen, als würden sie schnell lockerlassen. Die nicht. Weshalb also waren sie gekommen. Vielleicht wegen denen aus der Fünften. Da hatte einer wahrscheinlich gepetzt. Zu Hause oder beim Schulleiter. Obwohl er ihnen gedroht hatte sie alle zu machen, wenn einer die Klappe nicht hält. Vielleicht hatte er auch mal etwas zu fest zugeschlagen. Wenn die das Geld nicht rausrücken wollten, damit er sie beschützt. Selber schuld. Aber was hätte er denn machen sollen, um an Geld zu kommen? Den Hockeyschläger verkaufen konnte er nicht mehr, der war im Eimer und das Taschengeld hatten sie ihm gestrichen, bis er das aufholt, was aus der Zuckerdose fehlt. Da blieb ja nichts anderes übrig.

Er hatte beobachtet, wie Ralph das machte. Morgens schon. Vor dem Schultor. Und den hatte ja auch noch keiner erwischt. Der sitzt ganz ruhig da und stiert in irgend so 'n Heft, das er unter der Tischplatte hält. Wegen dem sind die also nicht da.

Der Grönaz sagt: Wir werden also Annes Tagebuch lesen, nachdem ihr nun die Umstände seines Entstehens kennen gelernt habt. Ich werde eine Sammelbestellung aufgeben, und wenn die Bücher da sind, bringt ihr das Geld mit.

Schon wieder Geld!

Wie du deinen Schulkram bezahlst, das ist dein Problem, hatte sein Vater gesagt.

Deswegen sind die jetzt da. *Das* ist es, was sie wissen können.

Der Grönaz macht das Licht an und im gleichen Augenblick geht die Tür auf. Die Sekretärin redet auf Grönaz ein. Ziemlich ernst sehen beide aus, sodass sie noch nicht einmal das Klingelzeichen hören und auch nicht mitkriegen, dass alle rausstürmen.

Pille bleibt sitzen. Pille kann nichts sehen. Vor seinen Augen verschwimmt die Anzeigetafel. Da müssten doch noch 'n paar Sekunden sein! Er hat's versaut. Unerlaubter Weitschuss und . . . Abpfiff. Das war's dann wohl. Er dreht noch eine lange Schleife auf dem Eis und hat die Müdigkeit in den Beinen. Das Spiel ist verloren, aber es tut nicht weh. Pille weiß, dass er nur noch eines will: Runter von diesem Eis und hinaus in die Kabine, um sich endlich auszuruhen.

Leben?

geboren
geschlagen worden
schule gegangen
ausgelacht worden
lehre gemacht
angebrüllt worden

frau geheiratet
angebrüllt
kinder gezeugt
geschlagen
lehrlinge ausgebildet
ausgelacht

alt geworden
gestorben

Falsche Befürchtungen

Der folgende Beitrag ist nicht erdacht, er ist authentisch und alles trug sich an einer Schule in der Bundesrepublik zu. Der Ort ist unerheblich, genauso wie der Schultyp nicht ausschlaggebend ist. Diese und ähnliche Erlebnisse können irgendwo in Deutschland jederzeit stattfinden.

»So, da wären wir, der Herr«, rief mich der Taxifahrer aus meinen unangenehmen Erinnerungen zurück und hielt direkt vor dem Seiteneingang der Schule an. Ich drückte ihm schnell einen Zwanzigmarkschein in die Hand, verzichtete sogar auf eine Quittung und stürzte in das Schulgebäude. Längst schon hätte ich in der Klasse stehen sollen, um Gedichte vorzutragen und über das Leben der Ausländer in Deutschland zu erzählen, aber das Werbeversprechen der Bundesbahn – »die komfortabelste Art der Pünktlichkeit« –, auf sämtlichen Werbe-flächen in und um die Bahnhöfe zu bewundern, galt offensichtlich nicht für junge Schriftsteller, die rechtzeitig zu ihren Veranstaltungen kommen müssen!

Am Fuß einer Treppe lief ich prompt einer Gruppe lärmender Schüler in die Arme.

»Hey, wie komme ich hier ins Lehrerzimmer?«

»Das Lehrerzimmer?«, staunten sie mich vielstimmig an.

»Ja, das Lehrerzimmer, da wo eure Lehrer in der Pause sitzen, wie komme ich da ganz schnell hin?«

Ein Rotschopf wies die Treppe hoch.

»Hier hinauf, dann nach rechts und dann nach links und ich glaube, da im Flur muss es irgendwo sein.«

Kaum war ich oben angelangt, rief mich die ganze Schar wieder runter, mittlerweile war ein Lehrer bei ihnen eingetroffen, dessen Name mir im Gewühl nicht bis an die Ohren drang. Gemeinsam begaben wir uns über den Hof in den Klassenraum, in dem bereits die restlichen aus der Gruppe warteten. Der Ulk, den die Schüler bei meinem Eintreffen mit mir trieben, war kein schlechter Vorbote für den Besuch an dieser Schule, zumindest nicht für die Veranstaltung.

Nach der Autorenbegegnung begleitete mich der Lehrer in das Lehrerzimmer und bat mich auf den Direktor zu warten. Dieser müsste noch eine Unterrichtsstunde abhalten, wollte sich danach gerne mit mir unterhalten und mich später in die Stadt fahren. Etwas müde von der stimmlichen Anstrengung der vergangenen eineinhalb

Stunden, aber doch sehr zufrieden mit dem Verlauf der Veranstaltung mit den Schülern, saß ich nun im Lehrerzimmer und freute mich über die Redepause.

Es waren keine Rachegelüste gegen den Gasthof nach der unruhigen Nacht in mir, als ich am frühen Morgen im verrauchten Frühstücksraum mit heimlicher Befriedigung vier Brötchen mit Käse belegte und sie in meiner Reisetasche unter dem Tisch verschwinden ließ. Eines davon kramte ich jetzt aus meiner Tasche hervor, verdeckte diese mit meinem Körper vor den Augen der beiden Lehrkräfte im Zimmer. Der Kaffee, den die gute Seele des Hauses, die Sekretärin des Direktors, mir zubereitet hatte, war stark genug, um einen drei Tage toten Indianer wieder zum Leben zu erwecken.

Ich beobachtete den Lehrer und seine Kollegin, die beide jeweils einen Stapel verschiedenartiger Schulhefte vor sich auf dem Tisch liegen hatten. In kurzen Abständen nahmen sie das oberste Heft, schlugen es auf, überflogen den zumeist in unausgereifter Handschrift verfassten Text, nicht ohne ab und an mit einem spitzen Rotstift irgendwelche Fehler anzustreichen. Spärlich fielen die roten Eingriffe aus, zwischendurch unterhielten sie sich, sprachen über Stärken und Schwächen ihrer Schüler, tranken Kaffee, der ihnen offensichtlich besser bekam als mir.

Mehrmals blickte der Lehrer mich über den Brillenrand an, erweckte den Anschein, als ob er mich ansprechen wollte, besann sich aber jedes Mal eines Besseren und fuhr mit seiner Korrekturarbeit fort. Erst als seine Kollegin sich nach mir erkundigte, begann er von unserer Veranstaltung zu erzählen, sich positiv über das rege Interesse und Verhalten seiner Klasse zu äußern und wandte sich schließlich mir zu.

»Das war wirklich sehr interessant, was Sie uns in der Klasse erzählt haben. Sie haben eine lockere Art auf die Fragen und Wünsche der Kinder einzugehen. Ich glaube, Ihre Ausführungen über die Religion des Islam und das, was Sie aus Ihrem persönlichen Leben zwischen der deutschen und türkischen Kultur erzählten, hat die Kinder sehr angesprochen. Ich wollte Sie nicht vor der ganzen Klasse fragen, aber glauben Sie wirklich daran, dass ein Leben mit unterschiedlichen Kulturen möglich ist?«

»Das hätten Sie auch gerne während der Veranstaltung fragen können. Nun, ich selbst bin ja ein Beispiel dafür, dass es wohl möglich ist, oder? Von dem, was ich in der Klasse erzählte, bin ich überzeugt: Ein Miteinander ist möglich, wenn wir bereit sind auf den anderen einzugehen, den Fremden oder das, was fremd ist an ihm, kennen zu lernen und zu akzeptieren. Wissen Sie, bei uns in Deutschland schrecken die Leute vor dem Fremdartigen zurück, das ist zumindest meine Erfahrung. Aber wenn man den Fremden näher kennen lernt, so stellt sich bald heraus, dass er gar nicht so fremdartig ist.«

Unvermittelt ließ er die Katze aus dem Sack.

»Da können Sie sagen, was Sie wollen, ich finde, die Ausländer hier bei uns, die müssten sich richtig anpassen, die müssten sich in die Gesellschaft hier vollkommen integrieren und auch die Religion übernehmen und nicht nur der Kultur hier sich anpassen. Dann könnten wir sehr viele Probleme vergessen.«

Völlig überrumpelt von dem Ernst und der Überzeugung, mit der er diese extreme Position vertrat, und irritiert dies gerade von ihm zu hören, der mich doch in seine Klasse eingeladen hatte, wusste ich nicht so recht zu reagieren.

»Meinen Sie das im Ernst?«

»Natürlich ist dies mein Ernst und viele andere denken ebenso. Die Ausländer, die hier bei uns leben, müssen sich hier vollständig anpassen, ihre eigene Kultur ablegen und unsere Werte übernehmen. Sonst gibt es immer nur Konflikte.«

Krampfhaft versuchte ich mir das Bild vor Augen zu führen, das nach Ansicht dieses so zurückhaltend wirkenden Lehrers konsequenterweise entstehen würde: Fünf Millionen Ausländer legen ihre Religion ab und treten zum Christentum über (dabei haben sie sogar die Wahl zwischen dem Papst als Oberhirten und der evangelischen Kirche), fünf Millionen Ausländer passen sich vollkommen an, werden zu vorbildlichen Deutschen, eifrig darum bemüht, deutscher als die Deutschen zu sein. Die Türken mit ihrem schwarzen, anatolischen Bart, auf den sie so stolz sind, schneiden diesen kurzerhand ab, die Frauen legen ihre bunten Kopftücher in den Reisekoffer für den nächsten Türkei-Urlaub. Die italienischen Eiscafés ändern ihre Namen, nichts mehr mit »Café Venezia« oder »Bella Napoli«, sondern nur noch

»Eiscafé zum Weißen Rössl« oder vielleicht »Alt-Berg-lein«. Was soll aus Deutschland ohne die 4 000 italienischen Eiscafés werden? Meine Gedanken schweiften weiter nach Berlin-Kreuzberg, einer der Hochburgen der Ausländer: Kein Döner mit Fladenbrot mehr an jeder Straßenecke, doch die Griechen sollten nicht zu früh frohlocken, es gäbe auch keinen Gyros mit Pita mehr, das würde in ein paniertes Schnitzel übergehen, mit Pommes natürlich, ohne Brot. Und an den Schulen liefen keine Kinder mehr herum, die auf den Namen Hasan, Ayse, Georgos, Said oder Marcello hören, nur noch Kalle, Peter, Hans und Anke. Sich anpassen in allen Lebensbereichen, wie mein Gegenüber als einzig mögliche friedliche Lösung sieht: ein Alptraum, ein schreckliches Szenario vor meinem geistigen Auge!

Gut, klopfen wir mal die andere Seite ab, dachte ich, vergaß mein Brötchen und fragte mit einem neckischen Interesse im Hinterkopf, was denn mit all den Deutschen beispielsweise in Ägypten oder in Tunesien, in Algerien oder aber in der Türkei passieren solle.

»Die müssten, Ihrer Meinung nach, folglich zum Islam übertreten.«

»Das ist was anderes!«

Das kann nicht sein, frohlockte ich insgeheim, von der naiven Hoffnung auf eine ernsthafte und fruchtbare Diskussion angespornt, jetzt reden wir Tacheles.

»Was soll daran bitte anders sein? Die Deutschen leben dort, arbeiten dort und müssten sich demzufolge auch anpassen, völlig anpassen, wie Sie sagen, dazu gehört ja auch die Religion.«

»Nein, das ist ja was anderes. Das kann man so nicht vergleichen. Es käme auf die Anzahl der Menschen an, wie viele dort leben und für wie lange!«

»Wer in Gottes Namen (oder hätte ich von meinem Standpunkt aus Allah nennen müssen) soll das denn bestimmen? Ab wie viel Menschen soll diese ›völlige Anpassung‹ stattfinden? Ab 100, 1 000, 100 000 oder erst ab einer Million? Nach welchem Zeitraum? Wie soll das funktionieren? Wer setzt die Anzahl fest, wer sagt, ab wann sich die Menschen völlig anpassen sollen, wie Sie sagen, völlig und vollkommen in der Gesellschaft aufgehen sollen, wer kann das sagen? Ich kenne beispielsweise Lehrer, die schon seit über fünf Jahren in Istanbul am Deutschen Gymnasium unterrichten, für die wäre es doch längst schon Zeit, oder? Freunde von mir leben seit vielen Jahren in Kairo, auf die trifft es auch zu. Und denken Sie mal an die vielen deutschen Reiseleiterinnen in den Urlaubsländern, die machen dann Assimilationsjogging: einige Jahre in Spanien im Flamencorock, dann eine Weile Marokko mit Schleier, etwas leichter wird es in der Türkei, da laufen sie nur mit Kopftuch herum, und wenn sie wieder in Deutschland sind, endlich wieder ein T-Shirt ohne BH drunter.«

Um einer Antwort auszuweichen, wie mir schien, arbeitete er weiter an den Korrekturen, vertiefte sich für einige Minuten in ein Schulheft, zückte diesmal seinen Rotstift öfter als zuvor, schrieb verärgert eine Vier unter den Aufsatz und schlug das Heft wieder zu. So also entstehen Schulnoten, überlegte ich mir, Noten, die über Glück und Unglück in Kinderherzen entscheiden und über den Familiensegen in vielen Häusern, so en passant im Gespräch mit einem Autor. Meine Worte schienen ihn verstimmt zu haben. Nun wusste ich, wie schlechte Schulnoten zu Stande kommen konnten: durch eine Verstimmung des Lehrers.

»Die Geschichte hat es doch gezeigt: Wer sich nicht anpassen kann, der geht unter. Es gibt tausend Beispiele dafür. Schauen Sie sich doch die Polen im Ruhrgebiet an, die fallen gar nicht mehr auf, sind völlig assimiliert und in der deutschen Gesellschaft aufgegangen, mit denen haben wir keinen Ärger, die bemerken Sie überhaupt nicht, so muss es sein. Die Juden wollten sich damals nicht anpassen, und wenn es auch schlimm ist, was bei uns in Deutschland passiert ist, es war einfach nicht zu vermeiden, es musste irgendwann so weit kommen. Man kann nicht hier bei uns leben und an seiner Kultur festhalten, das führt nur zu Konflikten, wir haben es ja gesehen.«

Daher also weht der Wind!
Mein Gegenüber versuchte mit dem Schreckensgespenst der Judenvernichtung auf eine gütliche und friedliche Lösung des Ausländerproblems (wir wollen das Kind mal so nennen, auch wenn das Wort nicht gefallen ist)

mithilfe einer gnadenlosen Assimiliation der Ausländer zu pochen, um solch ein neuerliches Pogrom zu verhindern. Dieser makabre Vergleich mit den Juden stank gewaltig. Außerdem waren es Deutsche, wusste er das denn nicht? Wir sprachen jetzt von Ausländern. Noch bevor ich diese Gedanken zu einem Ende führen konnte, setzte er schon nach.

»So kann es doch nicht mehr weitergehen. Die Zeitbombe tickt auf unseren Straßen, unsere Politiker können das Problem nicht lösen, die trauen sich gar nicht den Mund aufzumachen, weil es nicht schicklich ist, darüber zu reden. Bald geht alles in die Luft. Neulich war ein Bericht in der Zeitung. Die Polizei hat eine verdammte Sippe von Asylanten auffliegen lassen. Die haben unter verschiedenen Namen in über zwölf Städten Sozialhilfe kassiert. Aus Ghana oder Kenia waren die, glaube ich. Auf jeden Fall darf so etwas nicht mehr passieren . . .«

Wenn ich es bis dahin auch nur ahnte, so wurde meine Befürchtung jetzt zur Gewissheit: Dieser Mann musste eifriger Leser einer bestimmten Presse sein und wirklich alles, was dort geschrieben steht, für bare Münze nehmen!

Asylanten, Asylanten und immer wieder Asylanten! Ich kann dieses Wort schon nicht mehr hören! Wohin ich auch komme, begegnen mir die gleichen Geschichten, die stereotypen Ansichten, die aus vielen Mündern kommen, die dazugehörigen Ohren aber scheinen kaum eine Silbe von meinen Sätzen, sprich Argumenten, aufnehmen zu wollen. Argumente helfen hierbei wohl nicht. Wohin ich auch komme, immer schon sind die ewig gleichen Vorurteile mir vorausgeeilt. Erschreckend ist auch die benutzte Sprache, spiegelt sie doch die Meinungen in Bildern wider. Sie erinnert oft an Naturkatastrophen und verrät mit diesen Schlagworten viel über die Rücksichtslosigkeit im Denken dieser Menschen. »Unsere Gesellschaft kippt«, als ob die Ausländer Gift wären, die einem Fluss den Tod bringen! »Das Boot ist voll«, die Arche Noah läuft bald aus, aber ohne die Ausländer bitte. Dieser Slogan wurde sogar von Politikern im Wahlkampf benutzt. Und jetzt auch noch eine tickende Atombombe. Fünf Millionen Sprengsätze in deutschen Landen.

»Das Schwarze-Schaf-Syndrom« schien auch vor dieser Schule nicht Halt gemacht zu haben. Der gute Mann wusste wahrscheinlich nicht, dass die Asylbewerber nicht mal den Landkreis, in dem sie gemeldet sind, verlassen dürfen. Selbst wenn die Kinder von Asylbewerbern mit ihrer Schulklasse einen Tagesausflug unternehmen und dabei die Grenzen des Landkreises überschreiten, muss die Schule es den Behörden melden. Wie soll dann ein schwarzer Afrikaner unter verschiedenen Namen in verschiedenen Städten dieser ach so gut organisierten Republik über ein dutzend Mal Sozialhilfe erhalten? Zumindest musste das Vertrauen des Lehrers in die Bürokratie dieses Landes, dessen Beamter er war, nicht gerade groß sein.

Davon überzeugt, dass mein gelehrtes Gegenüber ein ehrlicher Steuerzahler ist, versuchte ich es mit einem simplen Vergleich: »Hören Sie, wenn ein Deutscher in den USA Steuern hinterzieht und dabei erwischt wird, heißt es dann automatisch, dass alle Deutschen Betrüger sind, alle den Fiskus übers Ohr hauen? Es lassen sich doch nicht alle 70 Millionen über einen Kamm scheren!«

»Das kann man so nicht vergleichen.«

Schon wieder diese abweisende Antwort, die immer einen schalen Geschmack hinterlässt. Doch es sollte noch schlimmer kommen, dann nämlich, als eine weitere Kollegin, die vor wenigen Minuten das Lehrerzimmer betreten hatte und unser Gespräch verfolgte, sich unaufgefordert einmischte.

»Ich finde, alle Ausländer, die keine Arbeit und Beschäftigung haben, müssen rausgeschmissen werden. Wer sich hier anpassen kann und Arbeit hat, den kann man hier noch ertragen, aber alle anderen müssen raus, egal, wer. Wir haben hier genug Probleme mit unseren eigenen Leuten. Und ich finde auch, dass die keine deutsche Staatsbürgerschaft bekommen dürfen, sie sind eben keine Deutschen.«

Das Brötchen, über das ich mich so gefreut hatte, blieb mir im wahrsten Sinne des Wortes im Hals stecken. Anscheinend hatte sie noch nicht begriffen, dass sie diese Worte zu einem Ausländer sprach. »Ja, aber, das heißt doch, dass ich auch rausgeschmissen werden müsste: Ich habe mein Studium beendet und habe im Augenblick keine feste Arbeit, lebe freiberuflich als Schriftsteller und Referent.«

»Ja, Sie müssten auch raus, natürlich!«

Noch angeschlagen von der vergeblichen Auseinandersetzung mit dem Lehrer, verschlug mir dieser zweite Nackenschlag nun vollends den Atem.

»Obwohl ich nichts dafür kann? Ich habe wahrscheinlich nicht darum gebettelt, hier in Deutschland auf die Welt zu kommen. Und ich habe mein ganzes Leben hier in Deutschland verbracht, niemals irgendwo anders gelebt.«

»Das ist Ihr Problem, nicht meins! Das hätten sich Ihre Eltern früher überlegen sollen.«

Dieser korpulenten Frau fehlte so viel, dass sie sich des Mangels gar nicht bewusst war. Tief in meinem Herzen verfluchte ich diese verdammte Höflichkeit und Bescheidenheit, die meine Eltern mir bis in das tiefste Mark eingebrannt hatten. Diese Höflichkeit, die mich dermaßen vereinnahmte, dass ich nicht in der Lage war diese Frau mit ihren menschenverachtenden, geradezu diskriminierenden Äußerungen anzuschreien oder meinem Ärger in irgendeiner anderen Form Luft zu machen. Doch es war müßig, mich über diese innere Hemmschwelle aufzuregen, denn sie zu überwinden blieb mir keine Zeit. So wie sie gekommen war, verschwand sie auch wieder nach ihrem letzten Satz.

Zurück blieben wir drei. Die Lehrerin, die sich anscheinend unbehaglich fühlte (oder glaubte ich nur dies zu erkennen?) und etwas irritiert durch den Raum blickte. Der Lehrer, der mich anlächelte und sich sichtlich über die Unterstützung durch das Intermezzo seiner hereingeschneiten Kollegin freute. Und ich, mit einer Mischung aus Ohnmacht, Unverständnis und Zorn.

Langsam schälte sich eine bittere Erkenntnis heraus. Meine eigentlichen Befürchtungen, nämlich negative Äußerungen gegen Ausländer von den Schülern zu hören, waren unnötig gewesen. Es gab nicht viel zurechtzustellen während meiner Veranstaltung in der Klasse. Keine Vorurteile, die es sachte zu entkräften und richtig zu stellen gab, keine plumpen Parolen, denen gegengesteuert werden musste. Sechs Nationalitäten waren in der Gruppe vertreten, außer den Akzenten in der Aussprache waren das jugendliche Benehmen und das Fragebedürfnis ihnen allen gleich.

Und das Kichern und Tuscheln in der ersten Reihe, anfangs etwas störend, brachte nach Rückfragen schließlich ans Tageslicht, dass direkt vor mir ein frisch gebackenes Pärchen saß.

Ich wünschte, diese Lehrerin mit ihren obskuren fremdenfeindlichen Ansichten hätte dabei sein können, und wenn sie für so etwas Augen besäße (was ich zu bezweifeln wage), hätte sie auf vier Kilometer gegen den Wind riechen können, dass hier Liebe im Spiel war, jung und naiv, verspielt und kindlich, eine große Liebe, eine Liebe zwischen einem dunkelhaarigen Türken, durch Geburt Muslim, und einem schelmisch grinsenden, blonden Mädchen aus dieser Ortschaft. Es war schön anzuschauen.

Meine Befürchtungen waren umsonst gewesen.

Nicht in den Klassen herrschte die Abneigung gegen Ausländer, der Hass saß im Lehrerzimmer.

Wegbeschreibung

Konstantin zog die Tür des Kinderzimmers hinter sich zu. Leise, damit er die Schwester nicht weckte. Die Schwester konnte heute länger schlafen, sie musste erst zur dritten Stunde in die Schule, weil schon seit Wochen der Französischunterricht ausfiel. An der ganzen Schule gab es nur eine einzige Fachlehrerin für Französisch. Konstantin seufzte. Er hatte noch kein Französisch, bei ihm fiel selten etwas aus, er konnte nie länger schlafen. Er musste jeden Morgen um halb sieben aufstehen, sich die Müdigkeit aus dem Kopf duschen und den Widerwillen gegen die Schule durch viele kleine, immer gleiche Handlungen überwinden. Manchmal änderte er die Reihenfolge dieser Handlungen, zog sich vielleicht zuerst die Schuhe an und frühstückte dann, während er es gewöhnlich umgekehrt machte. Oder er aß statt der üblichen Haferflocken mit Milch eine Scheibe geröstetes Weißbrot. Aber in der Summe war der morgendliche Ablauf, der ihn für den Tag wappnete, immer derselbe. Vor allem das Füttern der Katze war zu einem festen Ritual geworden. Auch heute Morgen war sie ihm aus dem Zimmer, wo sie auf einem alten Wollschal neben seinem Bett zu schlafen pflegte, ins Bad gefolgt. Sie sah ihm beim Duschen und Anziehen zu und lief dann ein paar Schritte vor ihm in die Küche. Obwohl die Mutter, die früher aus dem Haus musste, der Katze jeden Morgen frisches Futter hinstellte, rührte sie es nicht an. Sie wartete, bis Konstantin auf seinem Platz saß und anfing zu frühstücken. Sobald er die Milchflasche in die Hand nahm, sprang sie auf seinen Schoß und presste ihren Kopf an seinen Arm. Sie schubste so lange, bis er etwas Milch in seine Untertasse füllte und sie auf den Boden, nahe neben seinen Stuhl, stellte. Sofort sprang die Katze von seinen Beinen, blickte ihn einen Moment lang unbeweglich an und schleckte dann die Milch mit schmatzenden Lauten. Konstantin mochte dieses Geräusch. Er selber hätte niemals so schmatzen dürfen – die Katze durfte es. Es war ihr Recht zu schmatzen. Es war ihr Recht zu schlafen, wann und wo immer sie wollte. Wenn sie gestreichelt werden wollte, rollte sie sich auf den Rücken, wenn sie in Ruhe gelassen werden wollte, wehrte sie es mit den Pfoten ab. Konstantin beneidete die Katze darum. Alles, was sie tat, war selbstverständlich, sie war, wie sie war. Konstantin schob das benutzte Frühstücksgeschirr zur Seite, beugte sich zur Katze hinunter und kraulte sie liebevoll zwischen den Ohren. »Tschüs«, sagte er leise. Dann warf er den Riemen seines Schulrucksacks über die Schulter, steckte den Wohnungsschlüssel in die Hosentasche und verließ die Wohnung.

Vorm Haus empfingen ihn der Lärm und der Gestank der Straße, die den Vorort und die umliegenden Ortschaften mit dem Zentrum der Stadt verband. Um zur Bushaltestelle zu gelangen, musste er die vierspurige Autoschlange überwinden. Die Ampel mit einem Fußgängerüberweg war etwa hundert Meter entfernt. Einen Bürgersteig gab es auf dieser Straßenseite nicht, nur einen unbefestigten Trampelpfad ohne Begrenzung zur Fahrbahn. Obwohl Konstantin diesen Weg mindestens zweimal am Tag gehen musste, fühlte er sich immer wieder unbehaglich, besonders morgens in der Hauptverkehrszeit. Manchmal war ihm, als ob der Fahrtwind der vorbeirasenden Autos ihn wie ein Sog erfassen und in den tödlichen Strom reißen könnte. Unwillkürlich zog er den Kopf ein und ging leicht vornübergebeugt weiter. Er war froh, als er die Ampel erreicht hatte. Sie zeigte nur kurz Grün, sodass er es gerade eben schaffte, die breite Straße zu überqueren.

An der Bushaltestelle warteten ein paar Schulkinder und eine Frau mit einem Baby auf dem Arm. Hier stiegen meist nur wenige Personen ein, die meisten waren bereits an der U-Bahn-Station zugestiegen und standen dicht an dicht in den Gängen und vor den Einstiegstüren des Busses. Es kam vor, dass Busfahrer gar nicht anhielten, weil der Bus bereits so gedrängt voll war, dass niemand mehr hineinpasste. Dann musste man auf den nächsten Bus warten, der zehn Minuten später kam, die Schule jedoch erst erreichte, wenn es bereits klingelte.

Auch heute war es eng und Konstantin konnte sich nur mühsam zwischen die Angestellten mit ihren kantigen Aktenkoffern und die Schüler mit ihren unförmigen Ranzen zwängen. Beim nächsten Halt würde der Fahrer die Tür nur öffnen, wenn jemand aussteigen wollte. Konstantin versuchte an den Gesichtern der Erwachsenen abzulesen, ob sie im nahen Büroviertel arbeiteten und also aussteigen würden oder ob sie weiterfahren wollten bis in den nächsten Stadtteil, in dem sich die Schule befand. Wenn niemand ausstieg, hatten die mindestens zehn Schüler, die jeden Morgen an dieser Haltestelle warteten, keine Chance. Auch Kemal nicht, Konstantins Freund, mit dem er sich jeden Morgen im Bus traf. Aber der Bus hielt an und sofort schoben und drängten sich Körper, Taschen und Schirme gegen Konstantin und an ihm vorbei, sodass er Mühe hatte seinen Platz zu halten. Durchs Fenster konnte er Kemals schwarzen Haarschopf unter den hereindrängelnden Kindern entdecken. Plötzlich drückte ihm jemand etwas Hartes in den Rücken.

»Lass mich endlich durch«, rief ein gedrungener Mann, der seine Aktentasche wie einen Schild vor sich hielt und sich damit vorwärts kämpfte. Konstantin hatte keine Möglichkeit auszuweichen. »Ich will raus!«, brüllte der Mann. Er rammte Konstantin seine Tasche ins Kreuz und drückte mit Macht dagegen. Konstantin hatte keine Wahl, er musste sich die Stufen hinunter, bis auf die Straße, schieben lassen. Ehe er dem Fahrer Bescheid geben konnte, schlossen sich die Falttüren und der Bus setzte sich in Bewegung. An der hinteren Tür presste ein Mädchen die Nase gegen die Scheibe und grinste hämisch, ein anderes zuckte bedauernd mit den Schultern. Aber das half Konstantin gar nichts.

Ratlos stand er an der Bushaltestelle und sah dem davonfahrenden Bus nach. Was nun? Der nächste Bus würde in zehn Minuten kommen. Aber möglicherweise war der genauso voll und nahm ihn nicht mit. In etwa 18 Minuten begann die Schule, zu Fuß brauchte man jedoch mindestens 20 Minuten. Konstantin beschloss sich trotzdem auf den Weg zu machen. Wenn er ab und zu rennen würde, müsste er es rechtzeitig schaffen. Außerdem könnte er sich an der nächsten Haltestelle immer noch anders entscheiden. Er lief in leichtem Jogging-Tempo über die Straße, durchquerte einen kleinen Spielpark und benutzte jede Abkürzung, die sich ihm bot. In dieser Gegend kannte er sich gut aus. Viele seiner Freunde wohnten hier in einem der unzähligen Hochhäuser, die sich nur in Kleinigkeiten wie der Balkonverkleidung und der riesigen Hausnummer neben dem Eingang unterschieden. Konstantin hatte den Häusern Namen gegeben: Das Eckhaus war das Kemal-Haus, dort wohnte sein bester Freund, der jetzt ohne ihn zur Schule fuhr. Gleich daneben stand das Alexander-Haus und weiter hinten das Yussuf- und Nadja-Haus. Trotz der Anpflanzungen vor und zwischen den riesigen Gebäuden war es zugig in den Durchgängen. Überall flatterten zerrissene Zeitungen und weggeworfene Papiere herum. Vor den Hauswänden gammelten zerfetzte

Illustrierte und leere Getränkedosen, im Gebüsch lagen umgekippte Einkaufswagen vom nahen Supermarkt. Konstantin verlangsamte seinen Schritt, um wieder zu Atem zu kommen. Er hatte die Strecke zur nächsten Bushaltestelle in kürzerer Zeit, als vermutet, geschafft. Doch dort standen schon sieben oder acht Schüler und warteten. Fast alle waren in der Neunten oder Zehnten, gegen die könnte er als Siebtklässler sich nicht durchsetzen, wenn es ans Einsteigen ging. Konstantin zögerte. Jetzt war noch Zeit genug bis zum Schulbeginn. Besser, er lief gleich weiter. Das kurze Stück über den Acker, der unmittelbar hinter den massigen Verwaltungsgebäuden des Büroviertels begann, joggte er wieder. An der Tankstelle, die am Ortseingang des Nachbarstadtteils lag, war Konstantin sicher, dass er es schaffen würde, rechtzeitig in die Schule zu kommen. Es war jetzt nicht mehr weit und er konnte langsamer gehen. Er bog in die Hauptstraße ein, ging an der Kirche vorbei und schlug dann den kürzeren Weg quer durch die Reihenhaussiedlung ein. In Gruppen standen die Häuser nebeneinander, die Vorgärten der einen grenzten an die rückwärtigen Gärten der nächsten. Dazwischen führte ein schmaler Gehweg, zu beiden Seiten eingezäunt. Buschwerk und Zweige von Ziersträuchern und Obstbäumen bildeten eine grüne Mauer und teilweise ein Dach. Wie eine Blätterhöhle, dachte Konstantin. Er trat nahe an den Gartenzaun auf der rechten Seite und ließ sich im Gehen die überhängenden Zweige einer Weide übers Gesicht streichen.

»He, du Pisser«, fuhr ihn plötzlich eine Stimme an, »versau hier nicht die Bäume mit deinem Rotz!« Konstantin zuckte zusammen. Vor ihm baute sich ein ziemlich stämmiger Junge mit auffällig dichten Locken auf. Was wollte er? Konstantin hatte ihn schon öfter auf dem Schulhof gesehen, er musste eine Klasse über ihm sein, nicht viel älter also, aber viel größer und kräftiger. Hinter ihm tauchte ein zweiter, viel kleinerer Junge auf. Es war Yilmaz. Was wollten die beiden? Yilmaz gehörte zur großen Familie der Erdogans, die nicht weit entfernt von Konstantin wohnte. Konstantins Schwester war mit Yasar, dem ältesten Bruder, befreundet.

»Eh du, hör gefälligst zu, wenn Michi mit dir redet!«, rief Yilmaz und hob die geballte Faust in die Höhe. Dass Yilmaz dabei war, verwunderte Konstantin, aber es beruhigte ihn auch. Wenigstens konnte er jetzt nicht als Kanake beschimpft werden, wie es häufig geschah, weil Konstantins Haare und Augen tiefdunkel waren. Erst neulich in der U-Bahn hatte ein Mann Kemal und ihn mit den Worten »Macht Platz, Türkenbrut!« von ihren Sitzen verscheucht. Konstantin hatte geschwiegen. Niemals hätte er gesagt, dass er Deutscher und sein Name Konstantin Müller sei. Er hätte sich vor Kemal geschämt.

»Hallo, Yilmaz«, sagte er jetzt leise. Es klang ein wenig hilflos. Was hätte er sonst sagen sollen? Ein Blick in das Gesicht des Lockigen, der Michi hieß, genügte, um Konstantin deutlich zu machen, dass er nichts Gutes zu erwarten hatte. Ach, das war weit untertrieben, etwas Schreckliches würde passieren, Konstantin ahnte es. Das Schreckliche, von dem er so viel gehört hatte, das immer öfter vorkam und vor dem er eine fast besinnungslose Angst hatte. Bruchstücke von Nachrichtenmeldungen rasten durch seinen Kopf, Tritte in den Leib, ausgeschlagene Zähne, gebrochene Arme. Ihn schauderte. Der Lockige stemmte beide Hände in die Hüften und wirkte dadurch noch breiter und unüberwindlicher. Er grinste. Konstantin merkte, wie ihm das Blut aus dem Kopf wich, es sackte in die Beine, machte sie schwer und unbeweglich, während sie gleichzeitig unter ihm wegzuknicken drohten. Konstantins Mittel der Auseinandersetzung waren Worte. Er fürchtete sich nicht vorm Streiten und Diskutieren, auch hart auf hart, er konnte sich gut wehren, sogar gegen ungerechte Lehrer. Aber alles, was darüber hinausging, versetzte ihn in einen Zustand, der ihn handlungsunfähig machte.

»Was denn, was denn«, sagte Michi in scheinbarem Mitgefühl, »Schiss in der Hose?« Er grinste noch breiter. Bisher war Konstantin noch nie mit körperlicher Gewalt in Berührung gekommen. Ein paar Spaßkämpfchen ja, früher im Kindergarten oder später im Klassenzimmer, aber nur mit guten Freunden. Mit Freunden, die jederzeit aufhörten, weil Konstantin eben immer der Schwächere, der Schmächtige war, der, mit dem man herumalberte und über dessen Späße man lachte. Prügeleien auf dem Schulhof und ernsthaften Schlägereien hatte Konstantin bisher immer aus dem Weg gehen können.

Aus dem Weg gehen. Konstantin warf einen hektischen Blick nach hinten. Zu weit bis zur nächsten Straße, von wo er gekommen war. Bestimmt konnte dieser Michi schneller laufen als er. Nach vorn gab es überhaupt keine Möglichkeit, denn da standen ja Michi und Yilmaz. Und zur Seite versperrten die Gartenzäune jeden Fluchtweg. Konstantin klammerte sich am Riemen seines Rucksacks fest und machte einen kleinen Schritt nach hinten.

»Der will abhauen«, rief Yilmaz kichernd. Er wiederholte den Satz mehrmals, immer heftiger lachend, als sei das eine total undenkbare Vorstellung und eine aussichtslose dazu. Konstantin nahm all seinen Mut zusammen.

»Was wollt ihr?«, stieß er hervor. Doch schon während er die Frage aussprach, wusste er, dass sie absolut überflüssig war. Es war klar, was sie wollten. Der Lockige tat amüsiert.

»Gar nichts«, sagte er, »überhaupt nichts.« Und dann schlug er zu. Mit der flachen Hand. Dabei lächelte er unschuldig. »Nicht wahr, Yilmaz«, sagte er, »wir wollen gar nichts, oder?« Er schlug wieder zu, diesmal mit dem Handrücken auf die andere Wange. Der Schlag war heftiger als der erste und die Tränen schossen Konstantin in die Augen. Bloß nicht weinen, dachte er. Es war das Einzige, was er denken konnte, und es kostete viel Kraft, die Tränen wegzudrücken. Wie durch einen Schleier sah er Yilmaz, der, ein paar Meter entfernt, gestanden hatte, näher kommen. Allein hätte Yilmaz sich vermutlich nicht getraut, aber jetzt war er durch den großen Michi ermutigt. Er schnellte vor und trat Konstantin mit Wucht gegen das Schienbein. Der Schmerz durchzuckte Konstantin, er taumelte. Bloß nicht hinfallen, dachte er jetzt. Nicht weinen und nicht hinfallen, denn dann hätten sie gewonnen. Sein Mund war trocken, seine Wangen brannten. Warum schlugen sie ihn? Was wollten sie von ihm? Wollten sie seine Uhr? Geld? Seine Schuhe womöglich?

Michi beugte seinen Lockenkopf zur Seite und sah Konstantin prüfend an. Langsam, ganz langsam bewegte er sich um Konstantin herum und ließ ihn dabei nicht aus den Augen. Konstantin stand wie gelähmt, spürte den Blick des Jungen auf sich wie eine eiserne Klammer, der er sich nicht entziehen konnte. Er wollte sich ebenfalls drehen, um Michi nicht im Rücken zu haben, aber er war unfähig sich zu rühren, unfähig einen klaren Gedanken zu fassen. Michi hörte jetzt auf ihn zu umkreisen. Er stand so nah vor ihm, dass Konstantin den Luftzug seines Atems spürte.

»Warum sagste denn nichts?«, fragte Michi in gespielt besorgtem Ton. Konstantins Angst wuchs wie eine Welle, die über ihm zusammenschlug und ihm die Luft nahm.

»Nein«, hörte er sich sagen, »nein«, sonst nichts.

»Nein, nein«, wiederholte Michi, »was heißt das denn? Biste zu fein mit uns zu reden oder was?« Er boxte Konstantin gegen die Schulter, aber das tat nicht sehr weh. Konstantin musste sich nur wieder konzentrieren, dass er nicht stürzte. Und dass er nicht weinte. Wenn doch nur jemand kommen und ihm helfen würde. Irgendjemand musste hier doch mal vorbeikommen, hier wohnten doch viele Menschen. Konstantin versuchte hinter den Büschen etwas zu erkennen. Hektisch wanderten seine Augen hin und her. Michi hatte seinen Spaß daran. Er war einen Schritt zurückgetreten und stand neben Yilmaz. Beide beobachteten Konstantin grinsend.

»Hier kommt niemand. Brauchst nicht drauf zu warten«, sagte Michi und hörte nicht auf zu grinsen.

»Die sind alle zur Arbeit«, ergänzte Yilmaz.

»Kommen erst heute Nachmittag wieder«, sagte Michi und legte seinen Arm um Yilmaz. »Stimmt's, Yilmaz?« Yilmaz nickte.

»Heute Nachmittag erst«, wiederholte er. Heute Nachmittag, echote es in Konstantin. Er kam sich unendlich verlassen vor. Plötzlich hörte er seine eigene Stimme. »Ich muss in die Schule«, sagte sie.

Michi fing als Erster an zu lachen, Yilmaz fiel ein.

»Er muss in die Schule!«, riefen sie und wollten sich ausschütten vor Lachen. »Er will keinen Eintrag kriegen!«, schrie Michi.

Abrupt änderte er seinen Tonfall. Wütend riss er an Konstantins Rucksack. »Du Schisser! Zeig her, was da drin ist!«, herrschte er ihn an. Konstantin zögerte, dann ließ er den Rucksack von der Schulter rutschen, langsam, nur keine Bewegung, die Michi als Angriff deuten könnte.

»Mach schon!«, rief Michi, der wieder nah vor Konstantin stand, »raus mit dem Kram!« Konstantin öffnete den Rucksack und holte das Mathebuch heraus. Was sollte er jetzt damit machen? Er hielt es in der Hand, starrte auf das Buch, Michi sah er nicht an. »Schmeiß weg!«, schrie Michi ungeduldig. »Mach schon.« Konstantin ließ das Buch fallen. Er tat alles, was Michi verlangte, warf Bücher, Schnellhefter und den Zeichenblock auf das staubige Steinpflaster. Michi trieb ihn weiter.

»Jetzt schütte den Rest aus. Alles!«, kommandierte er. Mechanisch drehte Konstantin den Rucksack um, sodass das Mäppchen mit den Stiften, seine Brotdose und der neue Tuschkasten herausfielen. Er hielt seinen Kopf gesenkt. Ihm war so elend. Warum machte er, was er nicht wollte? Warum befolgte er Michis Befehle? Warum ließ er sich so erniedrigen?

»Jetzt noch die Hosentaschen!«, rief Michi. Was wollte er? Geld? In Konstantins Hosentaschen befand sich nur der Wohnungsschlüssel. »Los, los«, rief Michi, »wegwerfen!« Konstantin umklammerte den Schlüssel. Nicht den Schlüssel. Den Schlüssel würde er nicht wegwerfen. Er blickte auf und sah Michi zum ersten Mal in die Augen. Er wandte den Blick nicht von ihm, zuckte nicht mal mit den Augenlidern. Er sah den Jungen mit den auffällig dichten Locken an wie aus weiter Ferne, sah durch ihn hindurch, als wäre etwas hinter ihm, das er finden müsste. »Was glotzt du so?«, fragte Michi irritiert. »Starr mich nicht so an. Oder willste mich anmachen?« Er trat gegen den Tuschkasten, sodass er ein paar Meter weit über die Steine schlitterte. Yilmaz rannte hinterher, kickte und stieß den Tuschkasten wie einen Fußball, bis er gegen eine Zaunlatte prallte und die Farbdöschen herausflogen. Verstreut lagen sie auf dem Weg. Unvermittelt packte Michi Yilmaz am Arm. Er boxte ihn in den Rücken, mehrmals und ziemlich grob.

»Komm, wir lassen den Schisser allein«, sagte er dann und schob Yilmaz vorwärts. Yilmaz wand sich aus seinem Griff und flüsterte ihm etwas zu. Daraufhin blieb Michi stehen. »Noch was«, rief er. Konstantin befürchtete schon, er hätte es sich anders überlegt und würde zurückkommen, aber er drehte sich nur um. »Hör gut zu«, rief Michi, »morgen haste fünf Mark dabei, verstanden?« Er hielt die rechte Hand hoch, spreizte alle fünf Finger und wiederholte: »Fünf Mark, mindestens. Morgen!« Konstantin nickte kaum merklich. Er blickte Michi noch immer starr an, auch, als er sich langsam bückte, um seinen Rucksack aufzuheben. Nach einigen Metern blieb Michi noch einmal stehen und drehte sich um. »Wir kriegen dich!«, schrie er und lachte und schlug Yilmaz auf den Rücken, dass der vorwärts stolperte. Yilmaz drehte sich nicht mehr um.

Merkwürdigerweise verspürte Konstantin keine Erleichterung. Er sammelte seine Sachen zusammen und stopfte sie in den Rucksack wie unter Zwang. Seine Bewegungen waren keineswegs hektisch, eher langsam und irgendwie abwesend. Den Wohnungsschlüssel hielt er immer noch in der Hand, steckte ihn auch nicht ein, als er den Weg fortsetzte, den er vor endlosen Minuten gekommen war. Fuß vor Fuß, Schritt für Schritt. Ihm war, als ob ein anderer durch den idyllischen Blätterhöhlenweg ging, als ob er neben sich stand und sich selber zusah. Er sah sich auf den Eingang der Schule zugehen, dann plötzlich abbiegen und in den leeren Bus einsteigen, der auf Gäste für die Rückfahrt wartete. Konstantins Nase lief von den vielen unterdrückten Tränen, ab und zu zog er sie hoch. Er nahm nichts um sich herum wahr, nur sich selbst, wie er aufrecht und steif auf der hintersten Bank saß, seinen Rucksack an sich presste und in den Kurven ein wenig zur Seite schwankte. Der Bus fuhr an der Tankstelle vorbei, neben dem Feld entlang, bog ins Büroviertel ein, dann in die Hochhaussiedlung, hielt zwischendurch mehrmals, bis er an der Haltestelle neben der Durchgangsstraße stoppte. Konstantin bewegte sich wie von selbst auf den Ausgang zu, stieg aus, wartete an der Ampel auf Grün, lief neben der Straße her, auf der jetzt nur noch wenige Autos fuhren, wurde immer schneller, schließlich rannte er, als würde er verfolgt. Ins Haus, die Wohnung aufschließen, Tür zuschlagen, zu Hause!

Konstantin ließ den Rucksack fallen, mit ihm fiel ein Stück seiner Beklemmung und Benommenheit. Konstantin musste sich nicht mehr zusammennehmen, er konnte wieder sein, wer er war, endlich. Seine Tränen waren kaum noch zurückzuhalten, warum auch, er war ja zu Hause. Konstantin lief ins Wohnzimmer, direkt auf den dicken Polstersessel zu. Dort lag die Katze. Immer lag sie da, wenn er aus der Schule kam, zusammengerollt wie ein Pelzknäuel. Er kniete sich vor den Sessel, legte die Arme um sie und grub sein Gesicht in ihr Fell. Endlich konnte er weinen. Die Katze blickte ihn unbeweglich an, dann fuhr sie mit ihrer rauen Zunge über seine Wange, wieder und wieder. Konstantin schluchzte auf, die aufgestaute Angst brauchte lange Zeit, bis sie abgeflossen war.

Noch länger brauchte die Verletzung, die ihm die beiden Jungen angetan hatten. Nicht die Schläge, die waren vorbei. Schlimmer war das andere, das er nicht verstand. Warum, fuhr es Konstantin durch den Kopf, was hatte er ihnen getan? Was hatten sie von ihm gewollt? Was würden sie morgen von ihm wollen? Fragen, Fragen. Konstantin wurde vom Weinen geschüttelt. Wenn er ihnen einen Anlass gegeben hätte, wenn er sie geärgert oder provoziert hätte, irgendetwas. Aber er hatte nichts getan. Aus Spaß haben sie ihn geschlagen, ganz grundlos. Es hat sie gefreut, ihm Angst zu machen, einfach so. Die Erinnerung ließ ihn erneut aufschluchzen. Das laute Geräusch, das er dabei machte, erschreckte die Katze, die inzwischen dazu übergegangen war, ihr eignes Fell statt Konstantins Wange zu putzen. Sie wand sich unter seinen Armen hervor und sprang auf den Boden. Jetzt kroch Konstantin in den Sessel, saß da wie ein kleines Kind, die Arme um die angezogenen Beine geschlungen, die Stirn auf den Knien.

Da legte sich eine Hand auf seine Schulter. Die Schwester, sie war ja noch zu Hause! Von seinem Schluchzen war sie wach geworden, aber ihr Wecker hätte sowieso gleich geklingelt. Konstantin ließ es zu, dass sie ihn in den Arm nahm und ihn streichelte und beruhigte. Gleich würde sie fragen, warum er nicht in der Schule war, was passiert war, warum er so verstört war. Konstantin wartete auf die erste Frage. Wenn er gefragt wurde, konnte er antworten. Und er würde antworten. Wenn er antwortete, musste er das Durcheinander in sich sortieren. Wenn er es aussprach, konnte er es fassen und damit umgehen, irgendwie, vielleicht sogar verstehen. Zumindest würde die Angst nachlassen, bis morgen jedenfalls. Konstantin wischte mit dem Handrücken über sein nasses Gesicht. Die große Schwester hockte sich auf die Sessellehne. »Mensch, Konni«, sagte sie, »was war denn?«

MICHAEL HÖHN

Einige Anmerkungen zum Thema Gewalt und Fremdenfeindlichkeit an unseren Schulen

»Ich hasse Türken!« Der das sagte, war Thomas. 17 Jahre und Schüler eines Berufsvorbereitungsjahres. Er hatte in diesem Jahr – **1983,** also vor mehr als zehn Jahren – keine Lehrstelle bekommen.

Unter den Mitschülern brauste Beifall auf. »Raus mit dem Pack!«, war im allgemeinen Tumult eine wütende Stimme zu vernehmen.

Vor gut zehn Jahren waren wir im Religionsunterricht der Berufsschule in Gummersbach-Dieringhausen auch schon auf das Thema AUSLÄNDER gekommen. Die Sprühdoseninschrift »Ausländer raus!« an einer Mauer in der Nähe der Schule war Auslöser zu diesem Gespräch gewesen. Eine Geschichte von gestern? **Wie ist es weitergegangen in den letzten Jahren bis heute?**

Der Fremdenhass hat mittlerweile gewalttätigere Formen angenommen. Auch in unserem Landstrich wurden Fremde bedroht. Steine wurden geworfen, anonyme Drohanrufe versetzten ausländische Menschen in Angst und Schrecken.

Nicht nur in Mölln und Solingen, sondern auch in Hückeswagen, Dieringhausen und Wipperfürth wurden Häuser und Geschäfte in Brand gesteckt.

Im Blick auf die **Lage in den Schulen** gibt es zwei Aussagen, die auf den ersten Blick nur schwer zur Deckung zu bringen sind:

Schulleiter und Lehrer neigen offenbar dazu, Gewalt – und speziell Gewalt gegen Fremde – an ihrer eigenen Schule als kaum oder gar nicht vorhanden darzustellen.

Schüleräußerungen und Gespräche unter vier Augen mit Lehrern zeigen andere Ergebnisse.

Einige Beispiele:

Hauptschule in G.: 630 Schüler mit ca. 50 % Fremdenanteil (inkl. Aussiedlern), wohl die Schule im Kreisgebiet mit dem höchsten Anteil an Fremden: Schüler sprechen sogar davon, dass Lehrer mit dem Messer bedroht wurden. Ein Mädchen, das bei dem Brandanschlag in D. dabei war und damit auf dem Schulhof prahlte, wurde von einem Lehrer mehrfach verwarnt und schließlich angezeigt.

Realschule in M.: Ein 16-jähriger Schüler, der ein ausländisches Mädchen mit einer Gaspistole verletzt hatte, bekam nach langer Beratung der Lehrerkonferenz doch noch seinen Schulabschluss – »um Schlimmeres zu verhüten«.

Grundschule in D.: Bei einer Autorenlesung vor dem 3. und 4. Schuljahr äußerten die Kinder sehr direkt, wie viel Gewalt sie auf ihrem Schulhof erlebten — gerade auch gegen Fremde.

Bei einer Schullesung aus meinem neuen Roman *Schattenkämpfer*, in dem es um Ursachen und Faszination von Gewalt geht, zogen gleich drei Jugendliche plötzlich Butterfly-Messer aus der Tasche. Als ich nach ihren Motiven fragte, antworteten sie, dass man sich in diesen gefährlichen Zeiten bewaffnen müsse. Es gebe keine Schule im Umfeld, an der nicht Kinder schon ab elf bis zwölf Jahren beginnen sich zu bewaffnen.

Von einer Kindergärtnerin erfuhr ich, dass auch in den Kindergärten offenbar die Gewalttätigkeiten zunehmen.

Nicht selten spielen schon die kleinen Kinder Action- und Gewaltvideos nach.

Einzelfälle? – Ich vermute nach zahlreichen Gesprächen, dass es keine Einzelfälle sind. Schwierig ist es jedoch, exakte Zahlen zu nennen, und es ist gefährlich, diese Fälle hochzuspielen.

Insgesamt **scheint** es in unserer oberbergischen Provinz noch relativ ruhig zu sein – im Vergleich zu großstädtischen Situationen wie in Köln.

Ich behaupte aber, dass unter der Oberfläche – noch nicht genau sichtbar – eine Menge *Sprengstoff* vorhanden ist, der verhältnismäßig schnell hochgehen kann.

Ein **Beispiel** aus unserer Berufsschule:
Ein junger Aussiedler kommt am Stundenende aus dem Klassenraum und übersieht den jungen Mann hinter der Tür, der auf dem Boden sitzt. Er tritt ihm versehentlich auf die Hand und verletzt ihn leicht.
Sofort ist die ganze Klasse des versehentlich Verletzten bereit den jungen Aussiedler, der sich in gebrochenem Deutsch entschuldigt, beinahe zu lynchen: »Von diesem russischen Asi-Pack ist viel zu viel bei uns.« Als ich dazwischengehe, meint ein anderer Schüler cool, er sei im Boxklub. Wenn es da mal zu wenige Trainingspartner gebe, seien ja genug *Russen* oder *Asylanten* da, die er zusammenschlagen könne.

Woher kommt dieses Klima zunehmender Gewaltbereitschaft und wachsenden Hasses – gerade auch auf die Fremden unter uns?
In zahlreichen Gesprächen habe ich den Hass mancher Schüler auf Ausländer, Aussiedler und Asylbewerber näher an mich herangelassen. Dabei konnte ich hinter dem Hass und der Gewaltbereitschaft massive Zukunftsängste, Frustration über verwehrte Lebenschancen und — tief verborgen — den sehnlichen Wunsch nach Zuwendung und Nestwärme herausspüren.
Im tiefsten Kern handelt es sich wohl um eine tief

sitzende Angst nichts wert zu sein und um fehlenden Sinn im Leben.

Die **Angebote** unserer Gesellschaft – vor allem auch im Blick auf die Zukunft – sind ja für viele Jugendliche oft nicht sehr verlockend:

Viele meiner Schülerinnen erwarten die Umweltkatastrophe (z. B. Müll-Lawine/Ozonloch) noch zu Lebzeiten.

Neue Technologien werden vermutlich nicht wenige von ihnen langfristig zu arbeitslosen »Modernisierungs-Verlierern« machen – weniger im Bereich des Handwerks als in den industriellen Berufen.

Hinzu kommt: Zahlreiche Familien sind zerrüttet, mietgünstige Wohnungen nur schwer zu bekommen.

Exkurs:

Ich kann die geistige Befindlichkeit auch gut ablesen an den Themen, die im Religionsunterricht der Berufsschule gewünscht werden:

Sterbehilfe – *im Klartext: »Wer hilft mir, wenn ich nicht mehr kann, möglichst schnell und schmerzlos zu sterben?« (mit 17 Jahren)*

Tod – *»Wer bewahrt mich mit 18 vor dem sozialen Tod?« – »Gibt es ein Leben für mich noch vor dem Tod – oder soll ich mich gleich von Videos und Heavymetal-Musik zudröhnen lassen? – Innerlich den Abflug machen?«*

Abtreibung – *»Bin ich erwünscht – oder will man mich abtreiben?« – bzw. »Lohnt es überhaupt noch, Kinder in diese Welt zu setzen?«*

Okkultismus/Spiritismus – »*Wenn meine eigenen Kräfte nicht mehr reichen, könnten mir übersinnliche Mächte vielleicht solche vermitteln oder wenigstens die dunkle Zukunft erhellen und meinem Leben einen Sinn geben.*« Die Magie wird es schon richten.

Beispiel: *Jenny glaubt an Ufos. Bei Nachfrage: Ozonloch immer größer. Wenn wir hier nicht mehr leben können, dann könnten die Außerirdischen uns vielleicht weiterhelfen.*

Was muss mit Kindern und Jugendlichen angestellt worden sein, dass sie solche »generativen Themen« selber wählen?

Ist angesichts solcher Lebensumstände von jungen Menschen zu erwarten, dass sie **Verständnis** für Flüchtlinge und andere Fremde aufbringen?

Allzu rasch sind da der Hass und die Gewalt geschoben auf die, denen – **scheinbar** selbstverständlich – Wohnungen oder Arbeitsplätze angeboten werden . . .

In dieser Lage ist es sicher zu begrüßen, dass neben dem Fremdenhass der Ruf nach mehr Verständnis für Fremde und gegen Gewalt lauter geworden ist:

Demonstrationen für Mitmenschlichkeit, Fackelzüge gegen Ausländerhass, Lichterketten auch in den Schulen unseres Kreises.

Ich begrüße das sehr und habe selber intensiv daran mitgearbeitet, dem Klima von Hass und Gewalt entgegenzutreten.

Aber sind damit **allein** schon die **Grundprobleme** als Ursache für die alltägliche Gewalt und den Fremdenhass aus der Welt?

Hinter den gewaltsamen Ausbrüchen junger Leute in der Schule steckt doch oft das Gefühl eigener Ohnmacht. »Was willste denn machen, wenn du den ganzen Tag in so 'nem Wohnsilo rumhockst? Da musste doch irgendwo draufkloppen. Und wenn's in der Schule auf dem Schulhof ist – sonst wirste echt verrückt.«

Zu den Ursachen der strukturellen Gewalt zählen sicher unter anderen auch die nachfolgenden Dinge:
Wohnungsnot, Angst vor verbauten Zukunftschancen, Enttäuschung über vorenthaltenes Leben.
Aber auch: zu große Klassen, Leistungsdruck über Noten, hilflose Lehrer, die nicht Nein sagen können . . .

Ich denke, da gibt es – nicht nur in der Schule – für uns alle – Lehrer, Schüler und Eltern – noch reichlich zu tun . . .

Was können wir vor Ort in der Schule gegen Gewalt und Fremdenhass tun?
Ich möchte hier aus meiner eigenen Situation an den beruflichen Schulen erzählen:
An unserer Berufsschule – der größten im Kreisgebiet – lernen rund 3 300 Schülerinnen und Schüler. Sie kommen von Morsbach im Süden bis Radevormwald im Norden. Unter ihnen sind 303 Ausländer und rund 290 Aussiedler. In vielen Unterrichtsstunden – im Politikunterricht ebenso wie im Religionsunterricht – war und

ist das Thema **Gewalt und Fremde unter uns** ein heiß diskutiertes Thema.

Wir haben dabei in zahlreichen Gesprächen und Diskussionen festgestellt, dass vielfach bereits die simpelsten **Informationen** fehlen.

Auf die Frage, wie viele der 268 000 Oberberger denn tatsächlich Ausländer, Aussiedler und Asylbewerber sind, antworteten fast alle mit vollkommen **falschen** Zahlen. Alle waren mehr als erstaunt, als sie die tatsächlichen Zahlen hörten:

Im Oberbergischen Land leben rund 268 000 Menschen. Unter ihnen rund **18 000 Ausländer** – eine Reihe von ihnen schon vor dreißig Jahren als »Gastarbeiter« von deutschen Unternehmen zu uns geholt.

Auch etwa **17 000 Aussiedler** sind seit 1987 aus Rumänien, Polen und der ehemaligen UdSSR neu zu uns gezogen. Die kleinste Gruppe der Fremden sind die **Asylbewerber und Flüchtlinge** – alle zusammengenommen knapp **4 000** Menschen.

Wir haben festgestellt, dass die Fremden unter uns unterschiedlich beurteilt werden – anerkannt oder geduldet die einen, benachteiligt oder sogar angefeindet die anderen.

Sachliche Aufklärung ist *eine* wichtige Aufgabe der Schule, um Gewalt und Fremdenhass zu begegnen:
Wir informierten daher uns selbst und auch die Schüler genauer darüber, dass Armutsflüchtlinge ebenso zu uns kommen wie im engeren Sinn politisch Verfolgte als

Folge weltweiter Umstrukturierung infolge von Kriegen, Hunger, Diktaturen und Umweltkatastrophen, um nur ein paar der Ursachen zu nennen.

In der Tat – es ist nicht einfach, all diesen unterschiedlich fremden Menschen, die aus verschiedenartigsten Gründen zu uns kommen, gerecht zu werden.

So kann es nicht verwundern, dass Menschen mit *einfacheren* Denkmustern, denen es vielleicht sozial nicht sehr gut geht, auch leichter zu *einfacheren* Lösungen kommen wie *Deutschland den Deutschen! Ausländer raus!*

Viele unterschätzen die Dramatik dieser Situation: Verzweiflung und Hoffnungslosigkeit und Angst verbünden sich nicht selten mit einem verschwommenen Rassismus und finden ihren *Sündenbock* in den Fremden. Und das *Ausländer raus!* gilt inzwischen **allen** Fremden ohne Unterschied. Zugleich wächst die Bereitschaft gewaltsam gegen die vermeintlichen *Sündenböcke* vorzugehen.

Diese unmittelbar offene Gewalt gegen Fremde ist nur die grausige Spitze zunehmender Fremdenfeindlichkeit in unserer Gesellschaft.

Neben der **Analyse der Ursachen** von Fremdenfeindlichkeit und der **Aufklärung** über die Fakten muss m. E. noch ein **Drittes** kommen:

Handlungsorientiertes Lernen durch konkrete Begegnung mit den Fremden.

Als **aktuelles Beispiel** für eine solche Form des **Lernens in der Begegnung mit den »Fremden«** möchte ich hier noch die Idee unserer Schülervertretung nennen **Aktionswochen für Völkerverständigung und gegen Gewalt** an unserer Schule durchzuführen.

Sie starteten im Januar 1993 mit der Eröffnung einer Fotoausstellung zum Thema »**Fremde, Gastarbeiter, Ausländer**«.

Die vierwöchige Ausstellung sollte ein **Impuls** für alle Klassen sein – aber auch für die interessierte Öffentlichkeit – zahlreiche weiterführende Aktivitäten von **Deutschen und Fremden** zu entwickeln, die dann zu tieferem gegenseitigem Verständnis und mehr Toleranz beitragen können.

Den Abschluss bildete dann Anfang März ein **Abend der Begegnung** mit Lesungen und Musik, bei dem gut hundert Menschen vieler Nationalitäten einander näher kamen.

Erste zaghafte Ansätze, die aber insgesamt auch in der Schule ein Klima schaffen helfen, in dem Hass und Gewalt nicht so leicht gedeihen können. Auch wenn wir sie nicht ausschließen können, weil die Ursachen dafür eben tiefer – und auch außerhalb der Schule – liegen.

Cemal (19) erzählte mir ein Beispiel für Fremdenfeindlichkeit. Bei der **Demo** gegen Gewalt und Ausländerfeindlichkeit in der Kreisstadt standen drei Schülerinnen neben ihm. Sie starrten ihn an und eine sagte schließlich lautstark: »Was will der Kanake denn hier?«

Das wohl gemeinte Motto dieser Demonstration lautete: **Sich einmischen statt wegschauen. Stoppt die Gewalt!**

GISELA PREUSCHOFF

Als Karate-Kid
die Projektwoche besuchte

Nenne dich nicht arm, wenn deine Träume nicht in Erfüllung gegangen sind.
Wirklich arm ist nur der, der nie geträumt hat.

Marie von Ebner-Eschenbach

Sven knallte die Tür ins Schloss. Es war ja sowieso niemand da, der sich darüber aufregen konnte!

Hatte er die Glotze abgestellt? Ganz sicher war er sich nicht. Für einen Moment lauschte er an der Türritze, öffnete dann sogar den Briefkastenschlitz, der sich unnötigerweise noch an der verschnörkelten Wohnungstür befand. Und weil er nichts hörte, machte er sich auf den Weg. Er warf ein Bein über das Geländer und rutschte flott bis zum Treppenabsatz. Er hörte unten die Haustür aufgehen, was ihn aber nicht daran hinderte, auch die zweite Treppe rutschend zu nehmen. Erst als er die dritte Treppe hinter sich gelassen hatte, kreischte eine Stimme neben ihm: »Solche wie du ruinieren uns det janze Treppenhaus! Wirst du wohl da runterkommen!« Die alte Frau Seiger fuchtelte mit ihrem Stock herum, doch Sven glitt elegant an ihr vorbei. Halt's Maul, Alte!, dachte er. Es laut zu sagen lohnte nicht mehr. Schon stand er auf dem alten Terrazzo im Eingangsflur, ruckelte seinen Schulrucksack zurecht und setzte zu einem Karatesprung gegen die Eingangstür an. Donnernd trafen seine Turnschuhe auf die abblätternde graue Farbe. Im nächsten Moment riss er die Tür auf und sprang mit einem Satz auf den Bürgersteig. Karate-Kid voll im Einsatz! Schneeregen fiel auf das graue Pflaster. Sauwetter, das!

Er hatte weder Mütze noch Handschuhe dabei. War ja kein Baby mehr. Er streckte die Zunge raus, um ein paar Schneeflocken aufzufangen. Dann streckte er die Arme vor, ballte zwei kleine Fäuste und bewegte sich wie eine Dampfmaschine zur nächsten Kreuzung. Ampel rot! Mist! Geh ich ins Kaufhaus oder zur Schule?, dachte er kurz. Weil die Ampel aber gerade auf Grün sprang, raste er wie von selbst über die erste Straße, denn wenn man sich hier nicht beeilte, kam man über die nächste nicht mehr rüber. Bremsen quietschten. »Ich habe Grün!«, brüllte Sven dem Linksabbieger zu und versetzte ihm sechs blitzschnelle Faustschläge in die Luft. »Blödmann!« An der Dönerbude waren zwei Männer gerade dabei, aus einem Lieferwagen Fladenbrot abzuladen. Es stank nach laufendem Dieselmotor. »Scheiß-Türken, die!« Heute Mittag würde es hier besser riechen, hm, Döner! Das wär was! Vier Mark fünfzig müsste man haben. Vielleicht liegt ja irgendwo Geld auf der Straße. Im letzten Jahr hatte er auf einem Spielplatz, wo die Penner immer saßen, einen Zehnmarkschein im Gebüsch gefunden! Glückstag! Ob er heute mal da vorbeigehen sollte? Er blieb einen Moment vor dem Videoshop stehen. Die gleichen Filme wie gestern. Deshalb bog er nun doch in die nächste Straße ein. Die Coladose nahm er mit links, dribbelte dann kreuz und quer, bis sie scheppernd gegen ein vergittertes Kellerfenster prallte.

»Hi, Sven!« Murat hieb ihm mit der Faust auf den Schulrucksack.

»Hi!«

»Komm, wir beeilen uns, heute ist Projektwoche!«

»Was für 'n Zauber?«

Sven hatte das Wort noch nie gehört. Da, wo er bisher zur Schule gegangen war, gab's so was nicht.

Murat strahlte: »Du wirst schon sehen!« Seine dunklen Augen rollten geheimnisvoll.

Der ist eigentlich ganz nett, dachte Sven. Ob der überhaupt 'n Türke ist?

In seiner alten Schule waren die echt fies zu ihm gewesen. Dauernd Prügeleien. Am schlimmsten aber war dieser Thomas, dieser Blasse mit der verrückten Mutter. Die hatte ihren Sohn vor seinen eigenen Augen die Treppe runtergeschubst. Also diesem Thomas, dem durfte man nicht zu nahe kommen. Nicht, weil er stank. Der klaute auch und schlug sofort zu. Einfach so. Aus dem Nichts. Und die Eilers, diese dumme Kuh, gab ihm immer Strafarbeiten auf. Und meistens musste er rüber, in eine andere Klasse. Aber das half trotzdem nichts. Der trat und prügelte immer weiter. Einmal musste sogar der Hausmeister kommen und ihn festhalten. »Noch einmal und du fliegst von der Schule!«, hatte Herr Kern über den Flur gebrüllt. Das war so laut, dass die Erstklässler sich die Ohren zuhalten mussten.

»Willst du was von meinem Brötchen?«

Sven nahm die Hände von seinen eiskalten Ohren und lächelte. In der neuen Klasse waren sie viel netter. »Danke, du.«

»Meine Mama gibt mir immer viel zu viel mit!«, erklärte Murat kauend. »Sie hat Angst, ich magere ab.«

Sven dachte an seine Mutter. »Gut so! Ich hab dauernd Hunger!«

In seiner alten Schule hatte Sven ganz vorn gesessen. Da hatte die blöde Eilers immer sofort gesehen, wenn er was falsch machte. Bei fünf Fehlern hieß es dann: »So nicht, das machst du noch mal!« Da hatte Sven mal vor Wut 'n Karatesprung gegen die Klassentür gemacht. Zu blöd, dass die Eilers gerade dahinter stand. Da sollte seine Mutter in die Schule kommen. Ja, aber wie sollte sie das bitte schaffen, wenn sie Frühschicht hatte? So bekam Sven den zweiten Tadel. Beim dritten wäre er vielleicht in die Parallelklasse versetzt worden. »Is mir so ejal!«, hatte er der Eilers ins Gesicht gesagt und dafür musste er die Hausordnung abschreiben. Det janze Ding! Er verstand kein Wort. Und dieser Thomas, dieser Mistkerl, der hatte fies gegrinst. Das Schlimmste aber war, dass nach der Schule dieser Ayhan hinter ihm herkam . . .

»Eh, träum nicht! Rennen wir lieber!« Murat rüttelte ihn am Ärmel. Sven schüttelte sich. Was für ein Glück, dass seine Mutter die andere Wohnung gefunden hatte. Dafür sah er seinen Vater jetzt noch weniger. Sven trat mit dem Fuß gegen einen quadratischen Pflasterstein, der sich aus dem Gehweg gelöst hatte. Papa müsste wieder bei uns einziehen!, dachte er. Hastig biss er noch mal vom Brötchen ab und stopfte den Rest hinterher.

Wirklich nett, dieser Murat, wo er doch heute noch nicht gefrühstückt hatte. »Vom Frühstücksfernsehen wird man echt nicht satt!« Murat grinste. Dann stellte er sich wie Michael Jackson vor Sven auf und ergriff ein imaginäres Mikrofon.

»Haste gesehen, auf 3sat?«

Sven winkte ab. »Der schwule Typ!«

»Der is nich schwul!«

»Und ob!«

»Wetten, nich?«

»Mein Papa hat gesagt, dass der schwul ist, und dann stimmt das auch!«

»Sag das nicht noch mal!«

Murat nahm beide Fäuste vor die Nase und tippelte auf und ab wie ein Boxer. Sven wollte gerade zum Karatesprung ansetzen, als er eine Hand auf seinem nassen Haar spürte.

»Na, ihr Helden, wie geht's?«

»Hi, Frau Baum!«

»Hallo, Murat. Schön, dass ihr da seid! Könntet ihr mir mal was tragen helfen?« Sie legte beiden die Arme um die Schultern. »Wir haben doch heute Projektwoche!«

»Wow!« Murat nahm den geschlossenen Pappkarton, Sven den Kassettenrekorder. Frau Baum hielt ihnen die schwere Schultür auf und schleppte selber einen Wäschekorb aus lila Plastik.

Wie vom Donner gerührt, blieb Sven stehen. Auch Murat staunte. Ein Duft von Zimt und Mandarinen wehte um ihre Nasen, während sie wie zwei Kälber auf die veränderte Schule starrten.

»Mann, eh!«, brachte Sven schließlich hervor.

»Ich hab's dir ja gesagt!«, grinste Murat glücklich.

»Bitte die Schuhe ausziehen!« Die Stimme kam von einem Engel. Man konnte aber erkennen, dass das ein Mädchen aus der Siebten war. Sie war geschminkt und hatte echte Goldflügel.

»Det is ja wie im Film!« Sven strahlte Frau Baum an.

Die Treppe war mit einem roten Teppich ausgelegt. Und die ganze untere Eingangshalle war mit Tannenbäumen bestückt, sodass man sich wie im Wald vorkam.

»Schaffst du das?«, sprach Frau Baum ihn jetzt an.

»Klaro!« In der einen Hand den Rekorder, in der anderen seine Turnschuhe, stieg Sven feierlich die Treppe empor. In dem langen Flur hörte man leise Musik. Sven bekam so ein Kribbeln. So eine Musik hatte er noch nie gehört. Irgendwie weltraummäßig.

»Guck mal nach oben!«, flüsterte Murat neben ihm. Lauter rosa Tücher. Die hingen wie Wolken an der Decke und darunter – das waren doch die Wattekugeln, die sie letzte Woche aufgefädelt hatten?

»Du, Frau Baum, sind die von uns? Und die Sterne da auch?«

Frau Baum nickte lächelnd. Ihr Blick ließ vermuten, dass das noch nicht alles war. »Ich danke euch! Starke Männer!« Sie waren vorm Lehrerzimmer angekommen.

Sven strahlte. Auf Zehenspitzen lief er hinter Murat her. Vorn stand Ali und hielt ihnen die Flurtür auf. Er winkte ganz heftig mit einem Arm. »Kommt ganz schnell!« Leise stürzten sie die Treppe hoch. Die Tür zu ihrem Klassenraum war offen. Aber im Türrahmen hing ein Vorhang aus Goldstoff, der nach beiden Seiten gerafft war. »Booh!«, stöhnte Sven. Vorsichtig steckte er den Kopf durch. Murat folgte ihm, während Ali kicherte.

Das konnte doch nicht wahr sein! War das wirklich ihr Klassenraum? Wie aus einem Märchen aus Tausendundeiner Nacht! An allen Wänden hingen locker weiche Tücher in warmen Farben. Unter der Decke war ein blaues Seidentuch gespannt, unter dem goldene Sterne glänzten. Tische und Stühle? Einfach weg. Im Kreis auf dem Boden lagen bunte Kissen in allen Farben. Einige Kinder saßen schon. Mittendrin aber, im Kreis, fuhr ein Zauberer auf einem Einrad. Das könnte Herr – wie hieß doch gleich der neue Sportlehrer? Vielleicht aber auch nicht. Stumm vor Staunen standen sie da. Da warf ihnen der Zauberer eine Hand Konfetti an die Brust und lachte.

Drei Stunden später hüpfte Sven auf dem Bürgersteig nach Hause. Er würde jonglieren üben, gleich wenn er ankam! Er hatte in der Schule drei Bälle genäht. Mama würde staunen. Und vielleicht durfte er im Frühling bei der Zirkusaufführung dabei sein. »Das kannst du schaffen!«, hatte Frau Baum gesagt. Er sah sich in einem schwarzen Umhang mit drei Bällen jonglieren. Die leuchteten.

»He, Sven!« Murat keuchte hinter ihm her. »Ich komm mit dir noch hier lang. Ich besuche meinen Vater an der Dönerbude. Hast du nicht auch Hunger?«

Sven und Murat, Ali, Frau Baum, Frau Eilers und den Sportlehrer auf dem Einrad kenne ich wirklich. Sie sind mir mehrfach begegnet. Mit Frau Baum, Sven und Murat bin ich befreundet.

Den Gedanken, die Schule für einen Tag, eine Woche (und warum nicht für immer) so umzugestalten, dass Gewalt schwer möglich ist, habe ich von der Nürnberger Pädagogenwerkstatt (veröffentlicht in der Zeitschrift »Erziehung und Wissenschaft«, 3/93).

Drachenflieger lernen niemals dahin zu schauen, wo sie nicht landen wollen. Deshalb: *Vergesst eure Träume nicht!*

DIE AUTORINNEN UND AUTOREN

Banscherus, Jürgen: *1949 in Remscheid, lebt als Schriftsteller in Witten

Cumart, Nevfel A.: *1964 in Lingenfeld, lebt als Schriftsteller in Bamberg

Engelmann, Reiner: *1952 in Völkenroth/Hunsrück, Sozialpädagoge, lebt in Manubach/Mittelrhein

Friedmann, Herbert: *1951 in Groß-Gerau, lebt als Kinder- und Jugendbuchautor in Darmstadt

Große-Oetringhaus, Hans-Martin: *1948, Schriftsteller und Mitarbeiter von terre des hommes, lebt in Duisburg

Grosz, Peter: *1947 in Jahrmarkt/Rumänien, lebt als Lehrer, Autor und Herausgeber in Nieder-Olm

Herz, Otto: *1944, Pädagoge und Diplompsychologe, Mitglied des geschäftsführenden Vorstandes der GEW, lebt in Frankfurt

Heyne, Isolde: *1931 in Aussig/Elbe, lebt als Kinder- und Jugendbuchautorin in Limburg

Höhn, Michael: *1944 in Gießen, Berufsschulpfarrer und Autor, lebt in Wiehl

Krenzer, Rolf: *1936, Sonderschullehrer und Autor, lebt in Dillenburg

Mai, Manfred: *1949 in Winterlingen, lebt als Kinder- und Jugendbuchautor in Winterlingen

Meyer-Dietrich, Inge: *1944, Kinder- und Jugendbuchautorin, lebt in Gelsenkirchen-Buer

Pausewang, Gudrun: *1928, Kinder- und Jugendbuchautorin, lebt in Schlitz/Hessen

Preuß, Gunter: *1940 in Leipzig, lebt als Schriftsteller in Schkeuditz/Sachsen

Preuschoff, Gisela: *1950, Psychologin, Familientherapeutin, Lehrerin, Autorin, lebt in Ahneby

Rusch, Regina: *1945 in Hamburg, Journalistin und Kinder- und Jugendbuchautorin, lebt in Frankfurt

Schindler, Nina: *1946, lebt als Kinder- und Jugendbuchautorin in Bremen

Willems, Helmut: *1954, Dozent für Soziologie an der Universität Trier, lebt in Trier

Zeevaert, Sigrid: *1960, lebt nach ihrer Ausbildung zur Lehrerin als Kinderbuchautorin in Aachen

Zitelmann, Arnulf: *1929 in Oberhausen, Lehrer und Schriftsteller, lebt in Ober-Ramstadt bei Darmstadt

Schmetterlinge im Bauch

Texte zum Thema Drogen/Sucht

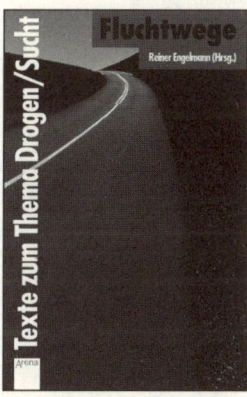

Reiner Engelmann (Hrsg.)

Fluchtwege

Texte zum Thema Drogen/Sucht

*Was treibt jungen Menschen in eine Sucht?
Warum fliehen sie in eine Welt, die für Außen-
seiter oft nicht verständlich ist und die
Ausgrenzung zur Folge hat?
Welche Chancen haben Süchtige, von ihrer
Abhängigkeit wieder loszukommen?*

Dieses Buch enthält ganz unterschiedliche Beiträge
zum Thema Sucht: nachdenkliche, traurige, aber auch
hoffnungsvolle. Im Mittelpunkt steht dabei nicht der
Stoff, die Droge, sondern immer der Mensch.

Arena-Taschenbuch – Band 1822. 264 S. Ab 12

Arena

Texte zum Thema »Jugendkriminalität«

Reiner Engelmann (Hrsg.)

… da hab ich einfach draufgehaun

Texte zum Thema
»Jugendkriminalität«

Einbruch, Diebstahl, Raub, Drogenkonsum,
Beschaffungskriminalität, unerlaubter
Waffenbesitz, Körperverletzung … Das sind nur
einige Stichworte, die im Zusammenhang mit
einer steigenden Jugendkriminalität genannt
werden. Wo liegen die Ursachen für die
wachsende Kriminalität unter Jugendlichen? Was
bringt sie dazu, etwas«mitgehen zu lassen«, sich
Geld«zu besorgen«, andere zu verletzen? Welche
Chancen haben sie, wenn sie kriminell geworden
sind? Kann Jugendknast wirklich resozialisiern
oder müssen andere, neue Wege beschritten werden? Die Autorinnen und Autoren des vorliegen-
den Bandes sind diesen Fragen nachgegangen.
In Orginalbeiträgen spiegelt sich einerseits eine
bedrückende Wirklichkeit wider, andererseits
werden aber auch hoffnungsvolle Lösungsansätze
aufgezeigt.

Arena-Taschenbuch – Band 1837.
224 Seiten. Ab 12

Arena